1 Grammatik
Singular und Plural

Nomen können im Singular (Einzahl) oder im Plural (Mehrzahl) vorkommen. Du erkennst das Geschlecht der Nomen nur, wenn du den Singular bildest.
Kennzeichne mit Symbolen: m =   w =   s =

die Pullover *der Pullover*
die Radios
die Blumen
die Treppen
die Fenster
die Pflanzen
die Ketten
die Sessel
die Wolken
die Messer
die Lehrer
die Hefte
die Füller
die Boote
die Türen
die Kinder
die Hunde

1

1 Grammatik
Singular und Plural

Nomen können im Singular (Einzahl) oder im Plural (Mehrzahl) vorkommen. Du erkennst das Geschlecht der Nomen nur, wenn du den Singular bildest.
Kennzeichne mit Symbolen: m = ■ w = ▲ s = ●

Lösungsseite

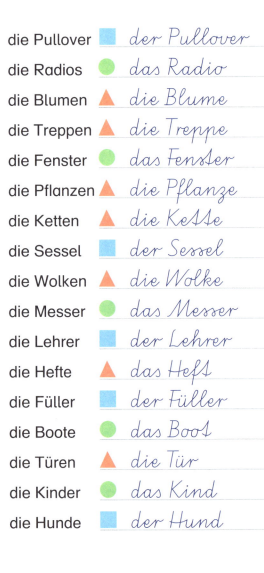

die Pullover	■	der Pullover
die Radios	●	das Radio
die Blumen	▲	die Blume
die Treppen	▲	die Treppe
die Fenster	●	das Fenster
die Pflanzen	▲	die Pflanze
die Ketten	▲	die Kette
die Sessel	■	der Sessel
die Wolken	▲	die Wolke
die Messer	●	das Messer
die Lehrer	■	der Lehrer
die Hefte	▲	das Heft
die Füller	■	der Füller
die Boote	●	das Boot
die Türen	▲	die Tür
die Kinder	●	das Kind
die Hunde	■	der Hund

1 Grammatik

Der bestimmte Artikel (Begleiter)

Jedes Nomen hat ein Geschlecht.
Bilde den Artikel, dann erkennst du es.

männlich (Maskulinum):
der Mann,

weiblich (Femininum):
die

sächlich (Neutrum):
das

Mann, Frau, Kind,

Schleifpapier, Zange, Hammer,

Heizung, Ofen, Feuer,

Messer, Gabel, Löffel,

Ohr, Nase, Kopf,

Hahn, Küken, Henne

Jedes Nomen hat ein Geschlecht. Du erkennst es am Artikel (Begleiter).

1 Grammatik

Der bestimmte Artikel (Begleiter)

Jedes Nomen hat ein Geschlecht.
Bilde den Artikel, dann erkennst du es.

Mann, Frau, Kind, Schleifpapier, Zange, Hammer, Heizung, Ofen, Feuer, Messer, Gabel, Löffel, Ohr, Nase, Kopf, Hahn, Küken, Henne

männlich (Maskulinum):
der Mann, der Hammer, der Ofen, der Löffel, der Kopf, der Hahn

weiblich (Femininum):
die Frau, die Zange, die Heizung, die Gabel, die Nase, die Henne

sächlich (Neutrum):
das Kind, das Schleifpapier, das Feuer, das Ohr, das Küken

Jedes Nomen hat ein Geschlecht. Du erkennst es am Artikel (Begleiter).

1 Grammatik
Der unbestimmte Artikel (Begleiter)

Ergänze den unbestimmten Artikel.

Da steht (irgend-)

eine Suppe.

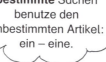

Für **nicht genau bestimmte** Sachen benutze den unbestimmten Artikel: ein – eine.

eine	Hose	_____	Saft
_____	Bär	_____	Brötchen
_____	Unfall	_____	Salat
_____	Tasche	_____	Brot
_____	Film	_____	Handy
_____	Computer	_____	Tür
_____	Liste	_____	Stift
_____	Zufall	_____	Aufgabe

unbestimmter Artikel

ein Haus
eine Kuh
ein Mann
ein Auto

bestimmter Artikel

das Haus

In der Mehrzahl (Plural) gibt es keinen unbestimmten Artikel.

1 Grammatik

Der unbestimmte Artikel (Begleiter)

Ergänze den unbestimmten Artikel.

Da steht (irgend-)

eine Suppe.

> Für **nicht genau bestimmte** Sachen benutze den unbestimmten Artikel: ein – eine.

eine	Hose	_ein_	Saft
ein	Bär	_ein_	Brötchen
ein	Unfall	_ein_	Salat
eine	Tasche	_ein_	Brot
ein	Film	_ein_	Handy
ein	Computer	_eine_	Tür
eine	Liste	_ein_	Stift
ein	Zufall	_eine_	Aufgabe

Lösungsseite

unbestimmter Artikel
ein Haus
eine Kuh
ein Mann
ein Auto

bestimmter Artikel
das Haus
die Kuh
der Mann
das Auto

> In der Mehrzahl (Plural) gibt es keinen unbestimmten Artikel.

1 Grammatik
Personalpronomen (persönliche Fürwörter)

Setze die passenden Personalpronomen ein.

Personalpronomen sind Stellvertreter für Personen oder Sachen.

Merke dir die Personalpronomen.
Singular: ich, du, er/sie/es
Plural: wir, ihr, sie

Der Gepard ist schnell. *Er* hat lange Beine.

Die Giraffe ist groß. _____ hat einen langen Hals.

Der Hund bellt. _____ hat Hunger.

Die Mädchen laufen schnell. _____ sind die Sieger.

Die Schlange ist gefährlich. _____ ist giftig.

Der Computer ist defekt. _____ funktioniert nicht mehr.

Die Kinder haben Ferien. _____ reisen an das Meer.

Der Kater schnurrt. _____ wird gestreichelt.

Mein Name ist Charlotte. _____ fahre gern Skateboard.

Der Junge heißt David. _____ spielt gut Baseball.

Das Schweinchen ist niedlich. _____ ist unser Maskottchen.

1 Grammatik
Personalpronomen (persönliche Fürwörter)

Setze die passenden Personalpronomen ein.

Personalpronomen sind Stellvertreter für Personen oder Sachen.

Merke dir die Personalpronomen.
Singular: ich, du, er/sie/es
Plural: wir, ihr, sie

Lösungsseite

Der Gepard ist schnell. **Er** hat lange Beine.

Die Giraffe ist groß. **Sie** hat einen langen Hals.

Der Hund bellt. **Er** hat Hunger.

Die Mädchen laufen schnell. **Sie** sind die Sieger.

Die Schlange ist gefährlich. **Sie** ist giftig.

Der Computer ist defekt. **Er** funktioniert nicht mehr.

Die Kinder haben Ferien. **Sie** reisen an das Meer.

Der Kater schnurrt. **Er** wird gestreichelt.

Mein Name ist Charlotte. **Ich** fahre gern Skateboard.

Der Junge heißt David. **Er** spielt gut Baseball.

Das Schweinchen ist niedlich. **Es** ist unser Maskottchen.

1 Grammatik
Possessivpronomen (besitzanzeigende Fürwörter)

Ergänze die Sätze mit den fehlenden Possessivpronomen.

Ich habe ein rotes Fahrrad. → Das rote ist *mein* Fahrrad.

Du hast ein grünes Fahrrad. Das grüne ist _____

Sie hat ein blaues Fahrrad. Das blaue ist _____

Das Äffchen hat ein gelbes Rad. Das gelbe ist _____

Wir haben Hollandräder. Das sind _____

Ihr seid ohne Fahrräder hier? Wo sind _____
_____?

Meine Großeltern haben keine Räder. Sie haben _____ Räder verkauft.

> Besitzanzeigende Fürwörter heißen Possessivpronomen. Sie sagen, **wem** etwas gehört.

> Merke dir:
> mein Buch
> dein Buch
> sein, ihr, sein Buch
> unser Buch
> euer Buch
> ihr Buch

1 Grammatik
Possessivpronomen (besitzanzeigende Fürwörter)

Ergänze die Sätze mit den fehlenden Possessivpronomen.

Ich habe ein rotes Fahrrad. → Das rote ist *mein* Fahrrad.

Du hast ein grünes Fahrrad. Das grüne ist *dein Fahrrad.*

Sie hat ein blaues Fahrrad. Das blaue ist *ihr Fahrrad.*

Das Äffchen hat ein gelbes Rad. Das gelbe ist *sein Fahrrad.*

Wir haben Hollandräder. Das sind *unsere Hollandräder.*

Ihr seid ohne Fahrräder hier? Wo sind *eure Fahrräder* ?

Meine Großeltern haben keine Räder. Sie haben *ihre* Räder verkauft.

Besitzanzeigende Fürwörter heißen Possessivpronomen. Sie sagen, **wem** etwas gehört.

Merke dir:
mein Buch
dein Buch
sein, ihr, sein Buch
unser Buch
euer Buch
ihr Buch

Lösungsseite

1 Grammatik
Possessivpronomen (besitzanzeigende Fürwörter)

Unterstreiche auf den Kärtchen alle Possessivpronomen.
Errätst du die Teekesselchen? Schreibe die Lösungen auf.

1 A
Mein Teekesselchen ist süß. Es wächst an einem Baum. Man kann mein Teekesselchen abpflücken und essen.

Es ist _____

1 B
Sein Teekesselchen kann man nicht essen, denn es ist aus Glas. Sein Teekesselchen leuchtet, wenn man es einschaltet.

Es ist _____

2 A
Mein Teekesselchen steht gerne auf dem Misthaufen. Mein Teekesselchen hat bunte Federn und weckt morgens früh den Bauern.

Es ist _____

2 B
Ihr Teekesselchen ist in jedem Haus. Ihr Teekesselchen benutzt man jeden Tag, und manchmal tropft es.

Es ist _____

3 A
Mein Teekesselchen ist ein Tier. Es hat besonders schöne Schwanzfedern und kann ganz schnell laufen.

Es ist _____

3 B
Dein Teekesselchen kannst du verschenken. Man kann es in eine Vase stellen. Dein Teekesselchen bindet man aus vielen Blumen zusammen.

Es ist _____

1 Grammatik

Possessivpronomen (besitzanzeigende Fürwörter)

Unterstreiche auf den Kärtchen alle Possessivpronomen.
Errätst du die Teekesselchen? Schreibe die Lösungen auf.

1 A
Mein Teekesselchen ist süß. Es wächst an einem Baum. Man kann mein Teekesselchen abpflücken und essen.

Es ist _eine Birne._

1 B
Sein Teekesselchen kann man nicht essen, denn es ist aus Glas. Sein Teekesselchen leuchtet, wenn man es einschaltet.

Es ist _eine Glühbirne._

2 A
Mein Teekesselchen steht gerne auf dem Misthaufen. Mein Teekesselchen hat bunte Federn und weckt morgens früh den Bauern.

Es ist _ein Hahn._

2 B
Ihr Teekesselchen ist in jedem Haus. Ihr Teekesselchen benutzt man jeden Tag, und manchmal tropft es.

Es ist _ein Wasserhahn._

3 A
Mein Teekesselchen ist ein Tier. Es hat besonders schöne Schwanzfedern und kann ganz schnell laufen.

Es ist _ein Strauß._

3 B
Dein Teekesselchen kannst du verschenken. Man kann es in eine Vase stellen. Dein Teekesselchen bindet man aus vielen Blumen zusammen.

Es ist _ein Blumenstrauß._

Lösungsseite

1 Grammatik
Adjektive (Wiewörter)

Unterstreiche die Adjektive. Schreibe die Sätze zu Ende.

1. Der Hund ist <u>bissig</u>.
   Nimm den <u>bissigen</u> Hund an die Leine.

2. Sein Halsband ist eng.
   Er hat ein _____.

3. Die Katze ist noch klein.
   Da ist die _____.

4. Das Auto ist neu.
   Vater hat ein _____.

5. Der Computer ist teuer.
   Max wünscht sich einen _____.

6. Der Fernsehturm ist berühmt.
   Wir fahren zu dem _____.

7. Der Film ist spannend.
   Wir gucken uns den _____.

Adjektive verändern im Satz ihre Endungen.

1 Grammatik
Adjektive (Wiewörter)

Unterstreiche die Adjektive. Schreibe die Sätze zu Ende.

1. Der Hund ist <u>bissig</u>.
   Nimm den <u>bissigen</u> Hund an die Leine.

2. Sein Halsband ist <u>eng</u>.
   Er hat ein <u>enges</u> Halsband.

3. Die Katze ist noch <u>klein</u>.
   Da ist die <u>kleine</u> Katze.

4. Das Auto ist <u>neu</u>.
   Vater hat ein <u>neues</u> Auto.

5. Der Computer ist <u>teuer</u>.
   Max wünscht sich einen <u>teuren</u> Computer.

6. Der Fernsehturm ist <u>berühmt</u>.
   Wir fahren zu dem <u>berühmten</u> Fernsehturm.

7. Der Film ist <u>spannend</u>.
   Wir gucken uns den <u>spannenden</u> Film an.

Adjektive verändern im Satz ihre Endungen.

1 Grammatik
Adjektive (Wiewörter)

Welches Adjektiv passt? Ergänze, was fehlt.

spitz	Das Feuer ist	*heiß.*
gelb	Der Turm ist	
hoch	Der Honig ist	
rund	Die Nadel ist	
leicht	Die Zitrone ist	
süß	Die Kugel ist	
heiß	Die Feder ist	

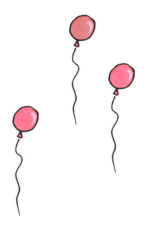

1 Grammatik
Adjektive (Wiewörter)

Welches Adjektiv passt? Ergänze, was fehlt.

spitz	Das Feuer ist _heiß._
gelb	Der Turm ist _hoch._
hoch	Der Honig ist _süß._
rund	Die Nadel ist _spitz._
leicht	Die Zitrone ist _gelb._
süß	Die Kugel ist _rund._
heiß	Die Feder ist _leicht._

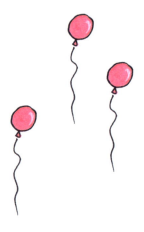

1 Grammatik
Steigerung von Adjektiven

Adjektive lassen sich steigern. Trage die fehlenden Formen ein.

Grundstufe	1. Steigerungsstufe Komparativ	2. Steigerungsstufe Superlativ
schnell	schneller	am schnellsten
klein	kleiner	am kleinsten
groß		
	schwerer	
	älter	
wenig		
viel		
gut		

Welche Adjektive fehlen?

Vater ist _____ als Mutter.

Tom springt _____ .

Der Elefant ist _____ als du.

Großvater ist _____ als Vater.

Der Gepard läuft _____ .

1 Grammatik
Steigerung von Adjektiven

Adjektive lassen sich steigern. Trage die fehlenden Formen ein.

Grundstufe	1. Steigerungsstufe Komparativ	2. Steigerungsstufe Superlativ

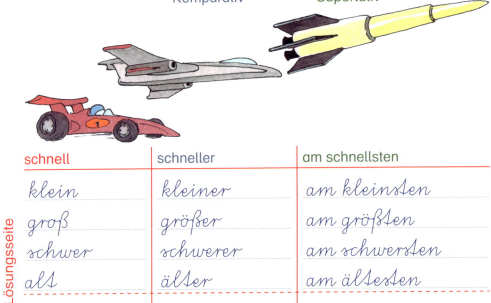

schnell	schneller	am schnellsten
klein	kleiner	am kleinsten
groß	größer	am größten
schwer	schwerer	am schwersten
alt	älter	am ältesten
wenig	weniger	am wenigsten
viel	mehr	am meisten
gut	besser	am besten

Welche Adjektive fehlen?

Vater ist _____kleiner_____ als Mutter.

Tom springt _____weit_____ .

Der Elefant ist _____größer_____ als du.

Großvater ist _____älter_____ als Vater.

Der Gepard läuft _____am schnellsten_____ .

1 Grammatik
Präpositionen (Verhältniswörter)

Schreibe die Sätze mit den richtigen Präpositionen.

Die Torte ist _auf_ dem Teller.

Der Hund _____

Der Fisch _____

Die Katze _____

Das Auto _____

Welche Präpositionen kennst du?
Schreibe sie auf.

_____

_____

Präpositionen: über, unter, vor, hinter, neben, zwischen, auf, in, an, bei ...

1 Grammatik
Präpositionen (Verhältniswörter)

Schreibe die Sätze mit den richtigen Präpositionen.

Die Torte ist _auf_ dem Teller.
Der Hund _ist unter dem Tisch._
Der Fisch _ist im Eimer._
Die Katze _ist hinter dem Schrank._
Das Auto _ist vor dem Haus._

Welche Präpositionen kennst du? Schreibe sie auf.

Beispiele: neben, an, zu, über, zwischen …

Präpositionen: über, unter, vor, hinter, neben, zwischen, auf, in, an, bei …

1 Grammatik
Präpositionen (Verhältniswörter)

Manche Präpositionen sind schwer zu erkennen. Sie haben sich mit dem Artikel verbunden. Findest du sie?

	Präposition	Artikel
1. Ich gehe zum Arzt.	zu	dem
2. Peter kommt vom Sport.		
3. Lisa wartet am Ausgang.		
4. Daniel schaut ins Programmheft.		
5. Er schlägt die Hände vors Gesicht.		
6. Juliane steht beim Obstladen.		
7. Oma geht ins Kino.		
8. Mia geht zum Bäcker.		
9. Anna wartet vorm Auto.		

Du kannst Präpositionen mit Artikeln verbinden. Statt „zu dem" sagt man „zum".

1 Grammatik
Präpositionen (Verhältniswörter)

Manche Präpositionen sind schwer zu erkennen. Sie haben sich mit dem Artikel verbunden. Findest du sie?

	Präposition	Artikel
1. Ich gehe zum Arzt.	zu	dem
2. Peter kommt vom Sport.	von	dem
3. Lisa wartet am Ausgang.	an	dem
4. Daniel schaut ins Programmheft.	in	das
5. Er schlägt die Hände vors Gesicht.	vor	das
6. Juliane steht beim Obstladen.	bei	dem
7. Oma geht ins Kino.	in	das
8. Mia geht zum Bäcker.	zu	dem
9. Anna wartet vorm Auto.	vor	dem

Lösungsseite

Du kannst Präpositionen mit Artikeln verbinden. Statt „zu dem" sagt man „zum".

1 Grammatik
Verben (Tuwörter)

Was tun die Kinder? Schaue das Bild an. Trage die passenden Verben ein und schreibe die Sätze unten auf.

1. Katja _____ auf dem Tisch.
2. Sebastian _____ einen Liebesbrief.
3. Patrick _____ die Tafel.
4. Annika _____ einen Comic.
5. Marie _____ Schokolade.

1. Katja _____

_____

_____

_____

Verben sagen dir, **was** jemand tut. Sie heißen auch Tuwörter. Der Frosch **quakt**.

1 Grammatik
Verben (Tuwörter)

Was tun die Kinder? Schaue das Bild an. Trage die passenden Verben ein und schreibe die Sätze unten auf.

1. Katja *schläft* auf dem Tisch.
2. Sebastian *schreibt* einen Liebesbrief.
3. Patrick *wischt* die Tafel.
4. Annika *liest* einen Comic.
5. Marie *isst* Schokolade.

Lösungsseite

1. Katja schläft auf dem Tisch.
2. Sebastian schreibt einen Liebesbrief.
3. Patrick wischt die Tafel.
4. Annika liest einen Comic.
5. Marie isst Schokolade.

Verben sagen dir, **was** jemand tut. Sie heißen auch Tuwörter. Der Frosch **quakt**.

1 Grammatik
Verben im Infinitiv (Grundform)

Trage die Verben in der Grundform ein.
Finde die Lösungswörter.

1. VERBINDET — V E R B I N D E N
2. KLEBST
3. SCHREIBT
4. HAST
5. ISST
6. TRINKT
7. SINGT
8. MALE
9. FLIEGT
10. KNETEST
11. ZUPFT
12. REGIERT
13. BIST
14. LIEBST
15. TASTET
16. REIBST
17. VERBIETEST

Lösungswörter:

___ ___ ___ ___ ___ ___   ___ ___
 1   2   3   4   5   6   7   8

___ ___ ___ ___ ___ ___ ___ ___ ___
 9 10 11 12 13 14 15 16 17

25

1 Grammatik
Verben im Infinitiv (Grundform)

Trage die Verben in der Grundform ein.
Finde die Lösungswörter.

1. VERBINDET — V E R B I N D E N
2. KLEBST — K L E B E N
3. SCHREIBT — S C H R E I B E N
4. HAST — H A B E N
5. ISST — E S S E N
6. TRINKT — T R I N K E N
7. SINGT — S I N G E N
8. MALE — M A L E N
9. FLIEGT — F L I E G E N
10. KNETEST — K N E T E N
11. ZUPFT — Z U P F E N
12. REGIERT — R E G I E R E N
13. BIST — S E I N
14. LIEBST — L I E B E N
15. TASTET — T A S T E N
16. REIBST — R E I B E N
17. VERBIETEST — V E R B I E T E N

Lösungsseite

Lösungswörter:

V E R B E N   I M
1 2 3 4 5   6 7 8

I N F I N I T I V
9 10 11 12 13 14 15 16 17

1 Grammatik

Tempusformen des Verbs: Präsens (Gegenwart)

Schreibe auf, was die Kinder gerade tun.

Julius　　　　Moritz　　　　Johann　　　　Helene

~~laufen~~, malen, baden, basteln, ~~schießen~~, tauchen

graben, kleben, schwimmen, ~~rennen~~, harken, pflanzen

Julius läuft. Er schießt. Er rennt.

Das Verb steht in verschiedenen Zeitformen. Sie sagen, **wann** etwas geschieht.

Das Präsens (Gegenwart) sagt, was **jetzt** geschieht.

1 Grammatik

Tempusformen des Verbs: Präsens (Gegenwart)

Schreibe auf, was die Kinder gerade tun.

Julius　　　　Moritz　　　　Johann　　　　Helene

Lösungsseite

~~laufen~~, ~~malen~~, ~~baden~~, ~~basteln~~, ~~schießen~~, ~~tauchen~~
~~graben~~, ~~kleben~~, schwimmen, ~~rennen~~, ~~harken~~, ~~pflanzen~~

Julius läuft. Er schießt. Er rennt.
Moritz malt. Er bastelt. Er klebt.
Johann gräbt. Er harkt. Er pflanzt.
Helene schwimmt. Sie badet. Sie taucht.

Das Verb steht in verschiedenen Zeitformen. Sie sagen, **wann** etwas geschieht.

Das Präsens (Gegenwart) sagt, was **jetzt** geschieht.

1 Grammatik
Futur I (Zukunft)

Trage die fehlenden Wörter ein.

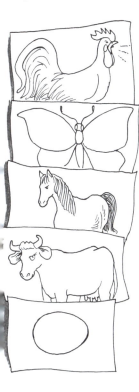

Aus dem Küken wird ein *Hahn* .
Er wird laut

Aus der Raupe wird ein
Er

Aus dem Fohlen wird ein
Es

Aus dem Kalb wird eine
Sie

Aus dem Ei wird ein
Es wird

Hahn, krähen – Schmetterling, fliegen –
Pferd, laut wiehern – Kuh, Milch geben –
Huhn, Eier legen

Präsens	Futur
er kräht	er *wird krähen*
er fliegt	er
es wiehert	es
sie gibt	
sie legt	

Das Verb in der Zukunft sagt, was **bald** geschehen wird.

1 Grammatik
Futur I (Zukunft)

Trage die fehlenden Wörter ein.

Aus dem Küken wird ein _Hahn_.
Er wird laut _krähen_.

Aus der Raupe wird ein _Schmetterling_.
Er _wird fliegen_.

Aus dem Fohlen wird ein _Pferd_.
Es _wird laut wiehern_.

Aus dem Kalb wird eine _Kuh_.
Sie _wird Milch geben_.

Aus dem Ei wird ein _Huhn_.
Es wird _Eier legen_.

Hahn, krähen – Schmetterling, fliegen –
Pferd, laut wiehern – Kuh, Milch geben –
Huhn, Eier legen

Präsens	Futur
er kräht	er _wird krähen_
er fliegt	er _wird fliegen_
es wiehert	es _wird wiehern_
sie gibt	_sie wird geben_
sie legt	_sie wird legen_

> Das Verb in der Zukunft sagt, was **bald** geschehen wird.

1 Grammatik
Präteritum (Vergangenheit)

Schreibe auf, wie es war, als du klein warst. Benutze das Präteritum. Die Wörter helfen dir dabei.

sang   hatte   baute   bekam
aß   glaubte   lernte   lief   ~~schlief~~   spielte

1. Ich *schlief* _____ im Gitterbett.
2. Ich _____ mit Stofftieren.
3. Ich _____ am liebsten Brei.
4. Ich _____ schwimmen.
5. Ich _____ ein Laufrad.
6. Ich _____ Kinderlieder.
7. Ich _____ Angst vor Gespenstern.
8. Ich _____ mit Lego.
9. Ich _____ an den Nikolaus.
10. Ich _____ mit meiner Laterne.

1 Grammatik
Präteritum (Vergangenheit)

Schreibe auf, wie es war, als du klein warst. Benutze das Präteritum. Die Wörter helfen dir dabei.

~~sang~~   ~~hatte~~   ~~baute~~   ~~bekam~~
~~aß~~   ~~glaubte~~   ~~lernte~~   ~~lief~~   ~~spielte~~   ~~schlief~~

1. Ich *schlief* im Gitterbett.
2. Ich *spielte* mit Stofftieren.
3. Ich *aß* am liebsten Brei.
4. Ich *lernte* schwimmen.
5. Ich *bekam* ein Laufrad.
6. Ich *sang* Kinderlieder.
7. Ich *hatte* Angst vor Gespenstern.
8. Ich *baute* mit Lego.
9. Ich *glaubte* an den Nikolaus.
10. Ich *lief* mit meiner Laterne.

Lösungsseite

1 Grammatik
Präteritum (Vergangenheit)

Verbinde Präsens und Präteritum. Schreibe die Verben im Infinitiv auf.

ich gehe	ich rannte
ich rief	ich rufe
ich laufe	ich lernte
ich höre	ich hörte
ich komme	ich kam
ich renne	ich ging
ich lerne	ich lief
ich lese	ich las

Präteritum heißt auch Imperfekt!

1 Grammatik

Präteritum (Vergangenheit)

Verbinde Präsens und Präteritum. Schreibe die Verben im Infinitiv auf.

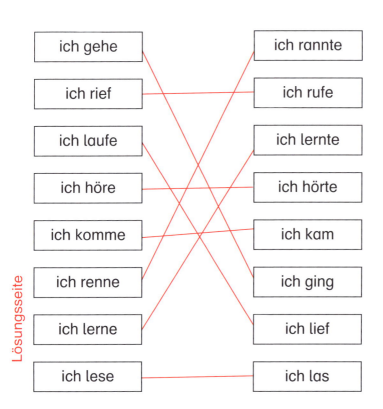

Lösungsseite

> Präteritum heißt auch Imperfekt!

gehen, rufen, laufen, hören, kommen, rennen, lernen, lesen

1 Grammatik
Perfekt (Vergangenheit)

Schreibe auf, was Lena am Montag in der Schule und in ihrer Freizeit gemacht hat.
Benutze immer das Perfekt und achte auf die Kleinschreibung.

In der 1. Stunde   *hat Lena geschrieben.*

In der 2. Stunde   _____

In der 3. Stunde   _____

In der 4. Stunde   _____

In der 5. Stunde   _____

In der 6. Stunde   _____

Um 15.00 Uhr   _____

Um 16.00 Uhr   _____

15.00 Uhr Klavier üben
16.00 Uhr Fußball spielen

1 Grammatik

Perfekt (Vergangenheit)

Schreibe auf, was Lena am Montag in der Schule und in ihrer Freizeit gemacht hat.
Benutze immer das Perfekt und achte auf die Kleinschreibung.

In der 1. Stunde   *hat Lena geschrieben.*

In der 2. Stunde   *hat Lena gerechnet.*

In der 3. Stunde   *hat Lena gelesen.*

In der 4. Stunde   *hat Lena geturnt.*

In der 5. Stunde   *hat Lena gebastelt.*

In der 6. Stunde   *hat Lena gesungen.*

Um 15.00 Uhr   *hat Lena Klavier geübt.*

Um 16.00 Uhr   *hat Lena Fußball gespielt.*

15.00 Uhr Klavier üben
16.00 Uhr Fußball spielen

1 Grammatik
Perfekt (Vergangenheit)

Bilde die Perfekt-Form.

Infinitiv	Personal-pronomen	Hilfsverb	Partizip
lesen	ich	habe	gelesen
kaufen	ich		
malen	du		
schreiben	er		
rennen	ich	bin	gerannt
fahren	du		
springen	er		
laufen	wir		

Das Perfekt wird mit Hilfsverben gebildet.

Bei Verben der Bewegung benutze das Hilfsverb **sein**.

Hilfsverb: haben
ich   habe
du   hast
er, sie, es   hat
wir   haben
ihr   habt
sie   haben

Hilfsverb: sein
ich   bin
du   bist
er, sie, es   ist
wir   sind
ihr   seid
sie   sind

1 Grammatik
Perfekt (Vergangenheit)

Bilde die Perfekt-Form.

Infinitiv	Personalpronomen	Hilfsverb	Partizip
lesen	ich	habe	gelesen
kaufen	ich	habe	gekauft
malen	du	hast	gemalt
schreiben	er	hat	geschrieben
rennen	ich	bin	gerannt
fahren	du	bist	gefahren
springen	er	ist	gesprungen
laufen	wir	sind	gelaufen

Lösungsseite

Das Perfekt wird mit Hilfsverben gebildet.

Bei Verben der Bewegung benutze das Hilfsverb **sein**.

Hilfsverb: haben
ich habe
du hast
er, sie, es hat
wir haben
ihr habt
sie haben

Hilfsverb: sein
ich bin
du bist
er, sie, es ist
wir sind
ihr seid
sie sind

1 Grammatik
Perfekt (Vergangenheit)

Suche zu jedem Infinitiv das Partizip.

Das Perfekt wird mit dem Partizip gebildet.

Infinitiv		Partizip
1	laufen	gelaufen
2	kommen	gesungen
3	fahren	2 gekommen
4	schreiben	gegessen
5	singen	gefahren
6	essen	gebeten
7	bitten	geschrieben
8	gehen	gerochen
9	riechen	gesagt
10	sagen	gegangen
11	ertrinken	erkannt
12	erkennen	verfolgt
13	erfrieren	ertrunken
14	verbieten	erfroren
15	verlieren	verboten
16	verfolgen	verloren

laufen, gelaufen

1 Grammatik
Perfekt (Vergangenheit)

Suche zu jedem Infinitiv das Partizip.

Das Perfekt wird mit dem Partizip gebildet.

Infinitiv		Partizip		Lösung
1	laufen	1	gelaufen	laufen, gelaufen
2	kommen	5	gesungen	kommen, gekommen
3	fahren	2	gekommen	fahren, gefahren
4	schreiben	6	gegessen	schreiben, geschrieben
5	singen	3	gefahren	singen, gesungen
6	essen	7	gebeten	essen, gegessen
7	bitten	4	geschrieben	bitten, gebeten
8	gehen	9	gerochen	gehen, gegangen
9	riechen	10	gesagt	riechen, gerochen
10	sagen	8	gegangen	sagen, gesagt
11	ertrinken	12	erkannt	ertrinken, ertrunken
12	erkennen	16	verfolgt	erkennen, erkannt
13	erfrieren	11	ertrunken	erfrieren, erfroren
14	verbieten	13	erfroren	verbieten, verboten
15	verlieren	14	verboten	verlieren, verloren
16	verfolgen	15	verloren	verfolgen, verfolgt

1 Grammatik

Plusquamperfekt (Vorvergangenheit)

Bilde das Plusquamperfekt und unterstreiche das Hilfsverb.

Präsens	**Plusquamperfekt**
ich schreibe	ich <u>hatte</u> geschrieben
er sieht	
wir schlafen	
es fragt	
ich springe	
sie geht	
wir rennen	

Ergänze die passenden Zahlen rechts.

Plusquamperfekt
(Das war vorher geschehen.)

Präteritum
(Das geschah gestern.)

- **1** Weil ich keine Turnschuhe mitgenommen hatte,
- **2** Der Busfahrer hatte zu viel getrunken,
- **3** Es hatte tagelang geregnet.
- **4** Die Einbrecher hatten das Haus lange Zeit beobachtet.

- ☐ er konnte nicht mehr fahren.
- ☐ saß ich beim Sportunterricht auf der Bank.
- ☐ Sie wussten, wann keiner zu Hause war.
- ☐ Der Fluss trat über das Ufer.

1 Grammatik
Plusquamperfekt (Vorvergangenheit)

Bilde das Plusquamperfekt und unterstreiche das Hilfsverb.

Präsens	Plusquamperfekt
ich schreibe	ich <u>hatte</u> geschrieben
er sieht	er <u>hatte</u> gesehen
wir schlafen	wir <u>hatten</u> geschlafen
es fragt	es <u>hatte</u> gefragt
ich springe	ich <u>war</u> gesprungen
sie geht	sie <u>war</u> gegangen
wir rennen	wir <u>waren</u> gerannt

Ergänze die passenden Zahlen rechts.

Plusquamperfekt (Das war vorher geschehen.)		Präteritum (Das geschah gestern.)	
1	Weil ich keine Turnschuhe mitgenommen hatte,	2	er konnte nicht mehr fahren.
2	Der Busfahrer hatte zu viel getrunken,	1	saß ich beim Sportunterricht auf der Bank.
3	Es hatte tagelang geregnet.	4	Sie wussten, wann keiner zu Hause war.
4	Die Einbrecher hatten das Haus lange Zeit beobachtet.	3	Der Fluss trat über das Ufer.

Lösungsseite

1 Grammatik
Konjunktionen (Bindewörter)

Immer zwei Nomen gehören zusammen. Schreibe sie auf und verbinde sie mit und.

Was wünschen sich Paula und David?

Paula wünscht sich:

Buch,
Fahrrad,
~~Pferd~~

_____
_____
_____
_____

Pferd,
Reitstiefel,
~~Trikot~~

Lisa wünscht sich:
Buch und Fahrrad, aber kein Pferd.

David wünscht sich:

_____
_____
_____
_____

Fußball,
~~Buch~~,
Trikot

Konjunktionen verbinden Wörter, Satzteile und Sätze. Am häufigsten benutzen wir: und, aber, oder.

1 Grammatik
Konjunktionen (Bindewörter)

Immer zwei Nomen gehören zusammen. Schreibe sie auf und verbinde sie mit und.

Katze und Maus

Sonne und Mond

Schuh und Strumpf

Tasse und Teller

Was wünschen sich Paula und David?

Buch, Fahrrad, ~~Pferd~~

Lisa wünscht sich:
Buch und Fahrrad, aber kein Pferd.

Paula wünscht sich:

Pferd und Reitstiefel, aber kein Trikot.

Pferd, Reitstiefel, ~~Trikot~~

Konjunktionen verbinden Wörter, Satzteile und Sätze. Am häufigsten benutzen wir: und, aber, oder.

David wünscht sich:

Fußball und Trikot, aber kein Buch.

Fußball, ~~Buch~~, Trikot

Lösungsseite

1 Grammatik
Verben und Nomen

Unterstreiche alle Nomen grün und alle Verben rot.

Maulwürfe sind geschickte Jäger. Viele Gärtner ärgern sich über die Erdhügel im Rasen, die Maulwürfe auswerfen. An diesen Hügeln kann man erkennen, wie groß das Wohngebiet eines Maulwurfs ist. Maulwürfe fressen keine Pflanzen, sondern kleine Tiere. Sie graben unter der Erde in zehn bis sechzig Zentimetern Tiefe viele Gänge. Die Vorderpfoten haben lange Krallen und dienen als Grabhände. Die lockere Erde schieben sie nach draußen. Ihr dichtes Fell schützt sie vor Nässe und Kälte. Im Mittelpunkt liegt ihr Ruheort, der Wohnkessel. Laufgänge führen zu Jagdgängen. Sie liegen dicht unter der Erdoberfläche. Maulwürfe müssen täglich so viel fressen, wie sie wiegen. Ungefähr alle vier Stunden läuft ein Maulwurf zum Jagdgang und spürt kleine Tiere auf, die im Gang liegen. Er frisst Käfer, Asseln, Tausendfüßer oder Schnecken. Der Maulwurf kann schlecht sehen, aber gut riechen und tasten.

1 Grammatik
Verben und Nomen

Unterstreiche alle Nomen grün und alle Verben rot.

Maulwürfe sind geschickte Jäger. Viele Gärtner ärgern sich über die Erdhügel im Rasen, die Maulwürfe auswerfen. An diesen Hügeln kann man erkennen, wie groß das Wohngebiet eines Maulwurfs ist. Maulwürfe fressen keine Pflanzen, sondern kleine Tiere. Sie graben unter der Erde in zehn bis sechzig Zentimetern Tiefe viele Gänge. Die Vorderpfoten haben lange Krallen und dienen als Grabhände. Die lockere Erde schieben sie nach draußen. Ihr dichtes Fell schützt sie vor Nässe und Kälte. Im Mittelpunkt liegt ihr Ruheort, der Wohnkessel. Laufgänge führen zu Jagdgängen. Sie liegen dicht unter der Erdoberfläche. Maulwürfe müssen täglich so viel fressen, wie sie wiegen. Ungefähr alle vier Stunden läuft ein Maulwurf zum Jagdgang und spürt kleine Tiere auf, die im Gang liegen. Er frisst Käfer, Asseln, Tausendfüßer oder Schnecken. Der Maulwurf kann schlecht sehen, aber gut riechen und tasten.

1 Grammatik
Adjektive, Pronomen, Präpositionen und Konjunktionen

Markiere im Text von S. 45 vier Adjektive, Pronomen, Präpositionen und Konjunktionen. Ordne sie richtig ein.

Pronomen
1.
2.
3.
4.

Präpositionen
1.
2.
3.
4.

Konjunktionen
1.
2.
3.
4.

Adjektive
1.
2.
3.
4.

1 Grammatik

Adjektive, Pronomen, Präpositionen und Konjunktionen

Markiere im Text von S. 45 vier Adjektive, Pronomen, Präpositionen und Konjunktionen. Ordne sie richtig ein.

Pronomen
1. sie
2. ihr
3. ihr
4. er

Präpositionen
1. im
2. an
3. unter
4. nach

Konjunktionen
1. sondern
2. und
3. oder
4. aber

Adjektive
1. klein
2. lang
3. locker
4. dicht

Lösungsseite

1 Grammatik
Satzglieder im Satz

Bilde aus den Satzteilen zwei sinnvolle Sätze.

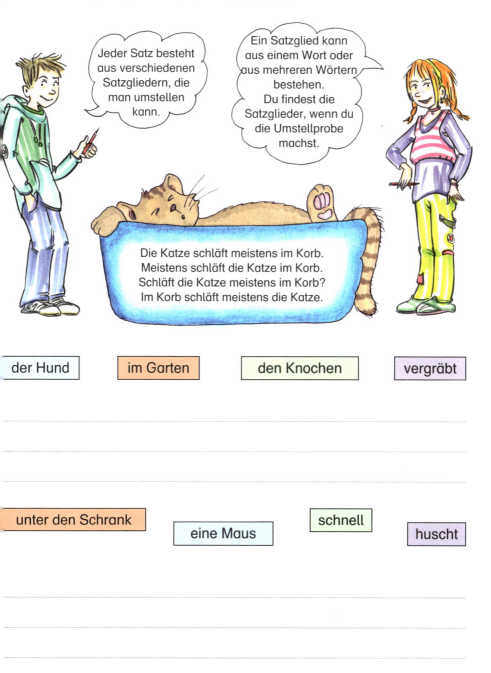

1 Grammatik
Satzglieder im Satz

Bilde aus den Satzteilen zwei sinnvolle Sätze.

Die Katze schläft meistens im Korb.
Meistens schläft die Katze im Korb.
Schläft die Katze meistens im Korb?
Im Korb schläft meistens die Katze.

| der Hund | im Garten | den Knochen | vergräbt |

Der Hund vergräbt im Garten den Knochen.
Vergräbt der Hund im Garten den Knochen?
Den Knochen vergräbt der Hund im Garten.

| unter den Schrank | eine Maus | schnell | huscht |

Eine Maus huscht schnell unter den Schrank.
Huscht eine Maus schnell unter den Schrank?
Unter den Schrank huscht schnell eine Maus.

1 Grammatik

Das Subjekt im Satz

Stelle die Frage nach dem Subjekt im Satz.
Unterstreiche das Subjekt.

<u>Vater</u> liest Zeitung.
Wer liest die Zeitung? *Vater*

Der Hund frisst sein Futter.
Wer frisst sein Futter? *der*

Die Schule brennt!
Was brennt? _____

Auf der Wiese turnen die Kinder.
Wer _____

Der Löwe brüllt laut.
Wer _____

Die Sonne scheint am Himmel.
Was _____

Mutter fährt mit dem Auto.
_____

Paul singt einen Hit.
_____
_____

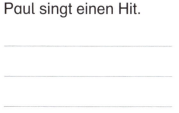

Das Subjekt im Satz findest du mit der Frage: „Wer (oder was) tut etwas?" Es steht immer im 1. Fall (Nominativ).

1 Grammatik

Das Subjekt im Satz

Stelle die Frage nach dem Subjekt im Satz.
Unterstreiche das Subjekt.

Vater liest Zeitung.
Wer liest die Zeitung? *Vater*

Der Hund frisst sein Futter.
Wer frisst sein Futter? *der Hund*

Die Schule brennt!
Was brennt? *die Schule*

Auf der Wiese turnen die Kinder.
Wer *turnt auf der Wiese? die Kinder*

Der Löwe brüllt laut.
Wer *brüllt laut? der Löwe*

Die Sonne scheint am Himmel.
Was *scheint am Himmel? die Sonne*

Mutter fährt mit dem Auto.
Wer fährt mit dem Auto? Mutter

Paul singt einen Hit.
Wer singt einen Hit? Paul

Lösungsseite

> Das Subjekt im Satz findest du mit der Frage: „Wer (oder was) tut etwas?" Es steht immer im 1. Fall (Nominativ).

1 Grammatik
Das Prädikat (Satzaussage)

Suche das Prädikat. Unterstreiche und notiere es.

Prädikat

Die Kinder <u>spielen</u> im Garten.   *spielen*

Peter schießt einen Fußball in die Fensterscheibe.

Das Glas klirrt.

Der Hausmeister schimpft.

Die Kinder rennen davon.

Nur Peter nicht, er läuft zum Hausmeister.

Er entschuldigt sich bei ihm.

Abends erzählt er alles seinen Eltern.

Zum Glück schimpfen sie nicht.

Ihre Versicherung zahlt den Schaden.

Frage nach dem Prädikat:
„Was geschieht?"
„Was tut er, sie, es?"

Das Prädikat ist immer ein konjugiertes Verb oder Hilfsverb.

1 Grammatik

Das Prädikat (Satzaussage)

Suche das Prädikat. Unterstreiche und notiere es.

Satz	Prädikat
Die Kinder spielen im Garten.	spielen
Peter schießt einen Fußball in die Fensterscheibe.	schießt
Das Glas klirrt.	klirrt
Der Hausmeister schimpft.	schimpft
Die Kinder rennen davon.	rennen
Nur Peter nicht, er läuft zum Hausmeister.	läuft
Er entschuldigt sich bei ihm.	entschuldigt
Abends erzählt er alles seinen Eltern.	erzählt
Zum Glück schimpfen sie nicht.	schimpfen
Ihre Versicherung zahlt den Schaden.	zahlt

Lösungsseite

Frage nach dem Prädikat:
„Was geschieht?"
„Was tut er, sie, es?"

Das Prädikat ist immer ein konjugiertes Verb oder Hilfsverb.

Zweiteiliges Prädikat (Satzaussage)

Unterstreiche die zweiteiligen Prädikate.
Achtung: In zwei Sätzen ist das Prädikat falsch.
Schreibe diese beiden Sätze unten richtig auf.

Prädikat

Niko zieht seine Regenjacke an. — *anziehen*

Leon leckt seine Finger ab.

Die Großeltern bringen uns Geschenke mit.

Morgen findet das Fußballspiel statt.

Moritz lädt Freunde zum Geburtstag ein.

Alina lenkt ihre Tischnachbarin ab.

Die Kinder bauen die Sportgeräte auf.

Paul redet seine Eltern über zum Kinobesuch.

Marie räumt ihr Zimmer auf.

Der Hund holt sein Stöckchen wieder.

Der Schüler legt sich die Aufgabe über.

1 Grammatik
Zweiteiliges Prädikat (Satzaussage)

Unterstreiche die zweiteiligen Prädikate.
Achtung: In zwei Sätzen ist das Prädikat falsch.
Schreibe diese beiden Sätze unten richtig auf.

Prädikat

Satz	Prädikat
Niko zieht seine Regenjacke an.	anziehen
Leon leckt seine Finger ab.	ablecken
Die Großeltern bringen uns Geschenke mit.	mitbringen
Morgen findet das Fußballspiel statt.	stattfinden
Moritz lädt Freunde zum Geburtstag ein.	einladen
Alina lenkt ihre Tischnachbarin ab.	ablenken
Die Kinder bauen die Sportgeräte auf.	aufbauen
Paul redet seine Eltern über zum Kinobesuch.	überreden
Marie räumt ihr Zimmer auf.	aufräumen
Der Hund holt sein Stöckchen wieder.	wiederholen
Der Schüler legt sich die Aufgabe über.	überlegen

Lösungsseite

Paul überredet seine Eltern zum Kinobesuch.

Der Schüler überlegt sich die Aufgabe.

1 Grammatik
Das Akkusativobjekt

Wie heißen die Sätze richtig? Schreibe sie auf
und unterstreiche das Akkusativobjekt.

Der Polizist verfolgt das Baby.

Die Mutter füttert den Schmuck.

Der Fischer braucht ein Fahrrad.

Der Händler verkauft den Räuber.

Der Räuber entwendet die Sterne.

Der Astronom beobachtet das Netz.

1. Der Polizist verfolgt den Räuber.

   Wen verfolgt der Polizist? *den Räuber*

2.

Das Akkusativobjekt findest du mit der Frage „Wen oder was?". Es steht immer im 4. Fall (Akkusativ).

1 Grammatik

Das Akkusativobjekt

Wie heißen die Sätze richtig? Schreibe sie auf und unterstreiche das Akkusativobjekt.

Der Polizist verfolgt das Baby.

Die Mutter füttert den Schmuck.

Der Fischer braucht ein Fahrrad.

Der Händler verkauft den Räuber.

Der Räuber entwendet die Sterne.

Der Astronom beobachtet das Netz.

1. Der Polizist verfolgt den Räuber.
   Wen verfolgt der Polizist? den Räuber
2. Die Mutter füttert das Baby.
   Wen füttert die Mutter? das Baby
3. Der Fischer braucht das Netz.
   Wen braucht der Fischer? das Netz
4. Der Händler verkauft ein Fahrrad. Wen verkauft der Händler? ein Fahrrad
5. Der Räuber entwendet den Schmuck.
6. Der Astronom beobachtet die Sterne.

Das Akkusativobjekt findest du mit der Frage „Wen oder was?". Es steht immer im 4. Fall (Akkusativ).

1 Grammatik

Das Dativobjekt

Schau dir die Bilder genau an, dann weißt du, wer wem den Geldkoffer gibt. Ergänze die Sätze und finde die passende Frage.

Der Räuber gibt den Geldkoffer _____

Wem gibt der Räuber den Geldkoffer? _____

Die Maus schenkt den Geldkoffer _____

Wem _____

Der Bär überreicht den Geldkoffer _____

_____

Der Hase gibt den Geldkoffer _____

_____

Die Mäuse bringen den Geldkoffer _____

_____

Das Dativobjekt findest du mit der Frage „Wem?". Es steht immer im 3. Fall (Dativ).

der Maus
dem Bären
dem Hasen
den Mäusen
dem Polizisten

1 Grammatik
Das Dativobjekt

Schau dir die Bilder genau an, dann weißt du, wer wem den Geldkoffer gibt. Ergänze die Sätze und finde die passende Frage.

Der Räuber gibt den Geldkoffer *der Maus.*
Wem gibt der Räuber den Geldkoffer? *der Maus*

Die Maus schenkt den Geldkoffer *dem Bären.*
Wem *schenkt die Maus den Geldkoffer? dem Bären*

Der Bär überreicht den Geldkoffer *dem Hasen.*
Wem überreicht der Bär …? dem Hasen

Der Hase gibt den Geldkoffer *den Mäusen.*
Wem gibt der Hase …? den Mäusen

Die Mäuse bringen den Geldkoffer *dem Polizisten.*
Wem bringen die Mäuse …? dem Polizisten

Das Dativobjekt findest du mit der Frage „Wem?". Es steht immer im 3. Fall (Dativ).

der Maus
dem Bären
dem Hasen
den Mäusen
dem Polizisten

Lösungsseite

1 Grammatik

Das Genitivobjekt

Verbinde jeweils zwei Bilder, die zusammengehören,
und schreibe die passenden Sätze auf.
Welches Nomen steht im Genitiv? Unterstreiche es.

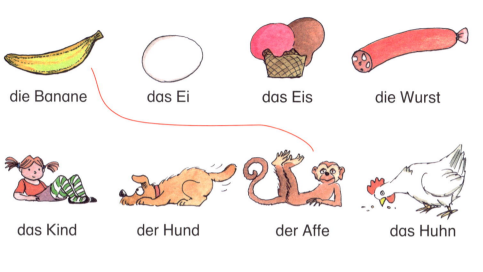

1. Das ist die Banane des Affen.

    Wessen Banane ist das? die Banane des *Affen*

2.

3.

4.

Das Genitivobjekt findest du mit der Frage „Wessen?".
Es steht immer im 2. Fall (Genitiv).

1 Grammatik

Das Genitivobjekt

Verbinde jeweils zwei Bilder, die zusammengehören, und schreibe die passenden Sätze auf.
Welches Nomen steht im Genitiv? Unterstreiche es.

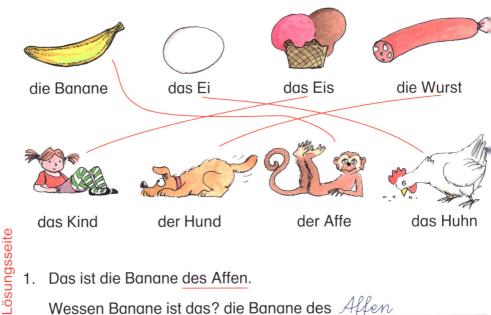

1. Das ist die Banane des Affen.
   Wessen Banane ist das? die Banane des *Affen*
2. *Das ist das Ei des Huhns. Wessen Ei ist es?*
   das Ei des Huhns
3. *Das ist das Eis des Kindes? Wessen Eis ist es?*
   das Eis des Kindes
4. *Das ist die Wurst des Hundes. Wessen Wurst*
   ist das? die Wurst des Hundes

Das Genitivobjekt findest du mit der Frage „Wessen?". Es steht immer im 2. Fall (Genitiv).

Das Genitivobjekt

Unterstreiche das Genitivobjekt. Schreibe die Genitivobjekte auf.

1. Die goldene Kugel der Prinzessin fiel in den Brunnen.
2. Das Eichhörnchen frisst die Eier der Vögel.
3. Mein Bruder hat das Rücklicht meines Fahrrads repariert.
4. Die Höhle des Löwen wollen wir lieber nicht besuchen.
5. Mir gefällt der Hamster unserer Nachbarin.
6. Omas Brille habe ich vor der Haustür gefunden.
7. Den neuen Rock meiner Schwester finde ich schön.

Das Genitivobjekt findest du mit der Frage „Wessen?". Es steht immer im 2. Fall (Genitiv).

1 Grammatik
Das Genitivobjekt

Unterstreiche das Genitivobjekt. Schreibe die Genitivobjekte auf.

1. Die goldene Kugel der Prinzessin fiel in den Brunnen.
2. Das Eichhörnchen frisst die Eier der Vögel.
3. Mein Bruder hat das Rücklicht meines Fahrrads repariert.
4. Die Höhle des Löwen wollen wir lieber nicht besuchen.
5. Mir gefällt der Hamster unserer Nachbarin.
6. Omas Brille habe ich vor der Haustür gefunden.
7. Den neuen Rock meiner Schwester finde ich schön.

Lösungsseite

der Prinzessin, der Vögel, meines Fahrrads, des Löwen, unserer Nachbarin, Omas, meiner Schwester

Das Genitivobjekt findest du mit der Frage „Wessen?". Es steht immer im 2. Fall (Genitiv).

1 Grammatik
Die vier Fälle

Dekliniere die Nomen im Singular und Plural.

Nomen und Artikel verändern sich im Satz. Sie werden gebeugt (dekliniert). Es gibt vier Fälle im Singular und vier Fälle im Plural.

1. Fall Nominativ

Stelle die Frage:
Wer oder was?
Der Hund bellt.
Wer bellt?
der Hund

2. Fall Genitiv

Stelle die Frage:
Wessen?
Der Knochen des Hundes ist groß.
Wessen Knochen?
des Hundes

3. Fall Dativ

Stelle die Frage:
Wem?
Ich folge dem Hund.
Wem folge ich?
dem Hund

4. Fall Akkusativ

Stelle die Frage:
Wen oder was?
Ich sehe den Hund.
Wen sehe ich?
den Hund

1. der Hund
2.
3.
4.

Singular

1. das Kind
2.
3.
4.

1.
2.
3.
4.

Plural

1.
2.
3.
4.

1 Grammatik

Die vier Fälle

Dekliniere die Nomen im Singular und Plural.

Nomen und Artikel verändern sich im Satz. Sie werden gebeugt (dekliniert). Es gibt vier Fälle im Singular und vier Fälle im Plural.

1. Fall Nominativ

Stelle die Frage:
Wer oder was?
Der Hund bellt.
Wer bellt?
der Hund

2. Fall Genitiv

Stelle die Frage:
Wessen?
Der Knochen des Hundes ist groß.
Wessen Knochen?
des Hundes

3. Fall Dativ

Stelle die Frage:
Wem?
Ich folge dem Hund.
Wem folge ich?
dem Hund

4. Fall Akkusativ

Stelle die Frage:
Wen oder was?
Ich sehe den Hund.
Wen sehe ich?
den Hund

Lösungsseite

1. der Hund
2. des Hundes
3. dem Hund
4. den Hund

1. die Hunde
2. der Hunde
3. den Hunden
4. die Hunde

Singular

Plural

1. das Kind
2. des Kindes
3. dem Kind
4. das Kind

1. die Kinder
2. der Kinder
3. den Kindern
4. die Kinder

1 Grammatik
Adverbiale Bestimmung des Ortes (Ortsangabe)

Hier stimmt etwas nicht. Lies die Sätze und unterstreiche die Ortsangaben. Schreibe die Sätze richtig auf.

Sofia hat ihre Sportschuhe in der Turnhalle vergessen.
Wo hat Sofia ihre Sportschuhe vergessen? in der Turnhalle

Der Spatz plätschert in der Badewanne.
Timos Großmutter badet in der Pfütze.
Am Südpol leben viele Eisbären.
Pinguine findet man am Nordpol.
Auf dem Bolzplatz spielen die Kinder Wasserball.
Einige Jungen spielen im Schwimmbecken Fußball.

Nach Ortsangaben oder Raumangaben fragst du mit:
Wo? Was? Wohin? Woher? Wie weit?

1 Grammatik

Adverbiale Bestimmung des Ortes (Ortsangabe)

Hier stimmt etwas nicht. Lies die Sätze und unterstreiche die Ortsangaben. Schreibe die Sätze richtig auf.

Sofia hat ihre Sportschuhe <u>in der Turnhalle</u> vergessen.
Wo hat Sofia ihre Sportschuhe vergessen? in der Turnhalle

Der Spatz plätschert <u>in der Badewanne</u>.
Timos Großmutter badet <u>in der Pfütze</u>.
<u>Am Südpol</u> leben viele Eisbären.
Pinguine findet man <u>am Nordpol</u>.
<u>Auf dem Bolzplatz</u> spielen die Kinder Wasserball.
Einige Jungen spielen <u>im Schwimmbecken</u> Fußball.

> Nach Ortsangaben oder Raumangaben fragst du mit:
> **Wo? Was? Wohin? Woher? Wie weit?**

Lösungsseite

Der Spatz plätschert in der Pfütze.
Timos Großmutter badet in der Badewanne.
Am Südpol leben Pinguine.
Eisbären findet man am Nordpol.
Auf dem Bolzplatz spielen die Kinder Fußball.
Einige Jungen spielen im Schwimmbecken Wasserball.

1 Grammatik
Adverbiale Bestimmung der Zeit (Zeitangabe)

Unterstreiche in den Sätzen die Zeitangabe und schreibe sie auf.

Großmutter war <u>drei Wochen</u> verreist.
Wie lange war Großmutter verreist? *drei Wochen*

Freitags fängt Fischers Fritze fünfzig Fische.
Wann _____

Karin kaute gestern in der Klasse Kekse.
_____

Gustav Gans gab Goofy gestern grüne Gurken.
_____

Hans hat heute Helmut geholfen.
_____

Susi sucht seit zwei Stunden Sandkörner im Salat.
_____

Nora nähte nächtelang ein neues Nachthemd.
_____

Jagen Jäger im Januar Jaguare?
_____

Nach einer Zeitangabe fragst du: **Wann? Wie lange? Seit wann? Bis wann? Wie oft?**

1 Grammatik
Adverbiale Bestimmung der Zeit (Zeitangabe)

Unterstreiche in den Sätzen die Zeitangabe und schreibe sie auf.

Großmutter war <u>drei Wochen</u> verreist.
Wie lange war Großmutter verreist? *drei Wochen*

<u>Freitags</u> fängt Fischers Fritze fünfzig Fische.
Wann *fängt Fischers Fritze Fische?*

Karin kaute <u>gestern</u> in der Klasse Kekse.
Wann kaute Karin Kekse?

Gustav Gans gab Goofy <u>gestern</u> grüne Gurken.
Wann gab Gustav Goofy Gurken?

Hans hat <u>heute</u> Helmut geholfen.
Wann hat Hans Helmut geholfen?

Susi sucht <u>seit zwei Stunden</u> Sandkörner im Salat.
Wie lang sucht Susi Sandkörner?

Nora nähte <u>nächtelang</u> ein neues Nachthemd.
Wie lang nähte Nora?

Jagen Jäger <u>im Januar</u> Jaguare?
Wann jagen Jäger Jaguare?

Nach einer Zeitangabe fragst du: **Wann? Wie lange? Seit wann? Bis wann? Wie oft?**

1 Grammatik
Adverbiale Bestimmung des Ortes und der Zeit

Unterstreiche alle adverbialen Bestimmungen des Ortes (Ortsangabe) und der Zeit (Zeitangabe). Schreibe sie auf.

Das Flugzeug stürzte <u>ins offene Meer</u>. Um Mitternacht wurden alle Passagiere gerettet. Ein Seenotkreuzer brachte sie ins nächste Krankenhaus. Keiner war verletzt. Alle Passagiere konnten am nächsten Tag entlassen werden.
Sie waren glücklich, wieder heil zu Hause zu sein. Aber würden sie sich jemals wieder in einem Flugzeug sicher fühlen?

Adverbiale Bestimmung des Ortes:

_____

_____

Adverbiale Bestimmung der Zeit:

_____

_____

Adverbiale Bestimmungen des Ortes geben an, **wo** etwas geschieht. Adverbiale Bestimmungen der Zeit geben an, **wann** etwas geschieht.

1 Grammatik
Adverbiale Bestimmung des Ortes und der Zeit

Unterstreiche alle adverbialen Bestimmungen des Ortes (Ortsangabe) und der Zeit (Zeitangabe). Schreibe sie auf.

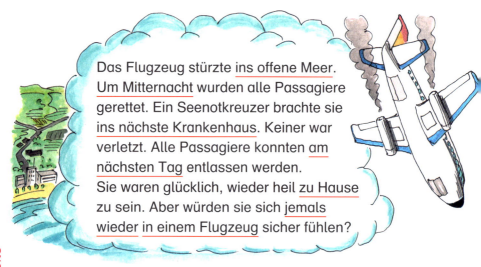

Das Flugzeug stürzte <u>ins offene Meer</u>. <u>Um Mitternacht</u> wurden alle Passagiere gerettet. Ein Seenotkreuzer brachte sie <u>ins nächste Krankenhaus</u>. Keiner war verletzt. Alle Passagiere konnten <u>am nächsten Tag</u> entlassen werden.
Sie waren glücklich, wieder heil <u>zu Hause</u> zu sein. Aber würden sie sich <u>jemals wieder</u> <u>in einem Flugzeug</u> sicher fühlen?

Adverbiale Bestimmung des Ortes:

ins offene Meer, ins nächste Krankenhaus, zu Hause, in einem Flugzeug

Adverbiale Bestimmung der Zeit:

um Mitternacht, am nächsten Tag, jemals wieder

Adverbiale Bestimmungen des Ortes geben an, **wo** etwas geschieht. Adverbiale Bestimmungen der Zeit geben an, **wann** etwas geschieht.

Satzglieder bestimmen

Bestimme alle Satzglieder.

Erst bei Einbruch der Nacht findet der erschöpfte Wüstenforscher im Tal der Geier die rettende Oase.

Subjekt: _____
Prädikat: _____
Akkusativobjekt: _____
Adverbiale Bestimmung des Ortes: _____
Adverbiale Bestimmung der Zeit: _____

Der gut gelaunte Vater schenkt seinem Sohn am Ostermorgen mitten im Wald ein lebendiges Huhn.

Subjekt: _____
Prädikat: _____
Dativobjekt: _____
Akkusativobjekt: _____
Adverbiale Bestimmung des Ortes: _____
Adverbiale Bestimmung der Zeit: _____

Satzglieder bestimmen

Bestimme alle Satzglieder.

Erst bei Einbruch der Nacht findet der erschöpfte Wüstenforscher im Tal der Geier die rettende Oase.

Subjekt: *der erschöpfte Wüstenforscher*
Prädikat: *findet*
Akkusativobjekt: *die rettende Oase*
Adverbiale Bestimmung des Ortes: *im Tal der Geier*
Adverbiale Bestimmung der Zeit: *Erst bei Einbruch der Nacht*

Der gut gelaunte Vater schenkt seinem Sohn am Ostermorgen mitten im Wald ein lebendiges Huhn.

Subjekt: *Der gut gelaunte Vater*
Prädikat: *schenkt*
Dativobjekt: *seinem Sohn*
Akkusativobjekt: *ein lebendiges Huhn*
Adverbiale Bestimmung des Ortes: *mitten im Wald*
Adverbiale Bestimmung der Zeit: *am Ostermorgen*

1 Grammatik
Satzglieder bestimmen

Unterstreiche Subjekte grün, Prädikate rot, Genitive lila und adverbiale Bestimmungen des Ortes blau.

Im Schullandheim

Abends waschen sich die Kinder in den Waschräumen. Lukas entdeckt die Zahnbürste seines Freundes in seinem Becher. Im Tagesraum liest die Lehrerin allen Kindern eine Geschichte vor. Danach gehen alle ins Bett. Anton erzählt seinen

Freunden eine Gespenstergeschichte. Ben gruselt sich. Er zieht die Bettdecke über den Kopf. Finn spielt Max einen Streich. Er macht einen Knoten in den Ärmel seines Schlafanzugs. Charlotte, Lilli, Julia und Laura spielen in ihrem Zimmer Versteck. Lilli muss die Mädchen suchen. Sie schaltet das Licht aus und wartet zwei Minuten vor der Tür. Julia steigt in das Hochbett ihrer Freundin Lilli. Laura kriecht unter Charlottes Bett. Charlotte stellt sich in die Fensterecke. Lilli findet alle drei nach kurzer Zeit. Die meisten Kinder schlafen spät ein. Am nächsten Morgen weckt die Lehrerin die Langschläfer. Nach dem Frühstück wollen sie einen Vogelpark besuchen.

1 Grammatik
Satzglieder bestimmen

Unterstreiche Subjekte grün, Prädikate rot, Genitive lila und adverbiale Bestimmungen des Ortes blau.

Im Schullandheim

Abends waschen sich die Kinder in den Waschräumen. Lukas entdeckt die Zahnbürste seines Freundes in seinem Becher. Im Tagesraum liest die Lehrerin allen Kindern eine Geschichte vor. Danach gehen alle ins Bett. Anton erzählt seinen Freunden eine Gespenstergeschichte. Ben gruselt sich. Er zieht die Bettdecke über den Kopf. Finn spielt Max einen Streich. Er macht einen Knoten in den Ärmel seines Schlafanzugs. Charlotte, Lilli, Julia und Laura spielen in ihrem Zimmer Versteck. Lilli muss die Mädchen suchen. Sie schaltet das Licht aus und wartet zwei Minuten vor der Tür. Julia steigt in das Hochbett ihrer Freundin Lilli. Laura kriecht unter Charlottes Bett. Charlotte stellt sich in die Fensterecke. Lilli findet alle drei nach kurzer Zeit. Die meisten Kinder schlafen spät ein. Am nächsten Morgen weckt die Lehrerin die Langschläfer. Nach dem Frühstück wollen sie einen Vogelpark besuchen.

Lösungsseite

2 Rechtschreibung

Groß- und Kleinschreibung

Ordne die Wörter richtig ein. Achte darauf, ob du sie am Anfang groß- oder kleinschreibst.

JAGEN   MÄUSE   SPIELEN
BELLEN FAUL   LAUFEN
NETT   FRECH   KLUG
KAUFEN JUNGE   BRENNEN
BODEN   MÄDCHEN EINFACH
FREUNDE BRUNNEN RUFEN
FREI   ALT   LEICHT

Nomen

die Mäuse,

Nomen (Namenwörter) schreibe mit einem großen Anfangsbuchstaben.

Verben (Tuwörter) und **Adjektive** (Wiewörter) schreibe klein.

Adjektive

Verben

2 Rechtschreibung
Groß- und Kleinschreibung

Ordne die Wörter richtig ein. Achte darauf, ob du sie am Anfang groß- oder kleinschreibst.

JAGEN	MÄUSE	SPIELEN
BELLEN	FAUL	LAUFEN
NETT	FRECH	KLUG
KAUFEN	JUNGE	BRENNEN
BODEN	MÄDCHEN	EINFACH
FREUNDE	BRUNNEN	RUFEN
FREI	ALT	LEICHT

Nomen

die Mäuse,
der Boden
die Freunde,
der Junge,
das Mädchen,
der Brunnen

Nomen (Namenwörter) schreibe mit einem großen Anfangsbuchstaben.

Verben (Tuwörter) und **Adjektive** (Wiewörter) schreibe klein.

Adjektive

nett, faul,
frech, alt,
frei, klug,
einfach,
leicht

Verben

jagen, bellen,
kaufen,
spielen,
laufen,
brennen,
rufen

Lösungsseite

2 Rechtschreibung
Nomen mit Endungen

Immer zwei Teile bilden zusammen ein Nomen.
Schreibe alle Nomen mit Artikel auf.

Wörter mit den Endungen
-ung, **-heit**, **-keit**, **-tum**,
-schaft, **-nis** sind Nomen.
Nomen schreibe groß.

1 ähnlich — 1 keit
2 geheim — nis
3 belohn — ung
4 erzähl — ung
5 ergeb — nis
6 frei — heit
7 eigen — schaft
8 faul — heit
9 mann — schaft
10 feind — schaft

1. die Ähnlichkeit, 2.

2 Rechtschreibung

Nomen mit Endungen

Immer zwei Teile bilden zusammen ein Nomen.
Schreibe alle Nomen mit Artikel auf.

Wörter mit den Endungen **-ung**, **-heit**, **-keit**, **-tum**, **-schaft**, **-nis** sind Nomen. Nomen schreibe groß.

Lösungsseite

1. die Ähnlichkeit, 2. das Geheimnis,
3. die Belohnung, 4. die Erzählung,
5. das Ergebnis, 6. die Freiheit,
7. die Eigenschaft, 8. die Faulheit,
9. die Mannschaft, 10. die Feindschaft

2 Rechtschreibung
Adjektive

Welche Adjektive passen zu den Tieren? Schreibe sie auf.

1. der *mutige,* _____
   _____ Gepard
2. der _____
   _____ Affe
3. der _____
   _____ Elefant
4. die _____
   _____ Schildkröte

Adjektive schreibe klein. Trenne bei Aufzählungen mehrere Adjektive durch ein Komma voneinander.

Achtung: Die Adjektive verändern im Satz die Endung!

2 Rechtschreibung
Adjektive

Welche Adjektive passen zu den Tieren? Schreibe sie auf.

1. der *mutige, hungrige, schnelle, geschmeidige* Gepard
2. der *lustige, gelenkige, fürsorgliche, gelehrige* Affe
3. der *kluge, starke, dickhäutige, behutsame* Elefant
4. die *langsame, friedliche, scheue, alte* Schildkröte

Adjektive schreibe klein. Trenne bei Aufzählungen mehrere Adjektive durch ein Komma voneinander.

Achtung: Die Adjektive verändern im Satz die Endung!

2 Rechtschreibung
Adjektive mit -ig oder -lich

Ergänze vor den Nomen das fehlende Adjektiv. Trage dann die fehlende Endung ein. Ordne die Adjektive.

hungr *ig*	der *hungrige*	Löwe
schreckl ___	das ___	Wetter
plötzl ___	das ___	Gewitter
schmutz ___	das ___	Hemd
langweil ___	das ___	Buch
richt ___	die ___	Aufgabe
herrl ___	das ___	Wetter
kräft ___	der ___	Sportler
gefährl ___	das ___	Abenteuer
glückl ___	die ___	Gewinnerin

Wörter mit -ig

hungrig,

_____

_____

_____

> Verlängere die Wörter. Dann hörst du, welche Endung fehlt!

Wörter mit -lich

_____

_____

83

2 Rechtschreibung
Adjektive mit -ig oder -lich

Ergänze vor den Nomen das fehlende Adjektiv. Trage dann die fehlende Endung ein. Ordne die Adjektive.

hungr **ig**	der *hungrige*	Löwe
schreckl **ich**	das *schreckliche*	Wetter
plötzl **ich**	das *plötzliche*	Gewitter
schmutz **ig**	das *schmutzige*	Hemd
langweil **ig**	das *langweilige*	Buch
richt **ig**	die *richtige*	Aufgabe
herrl **ich**	das *herrliche*	Wetter
kräft **ig**	der *kräftige*	Sportler
gefährl **ich**	das *gefährliche*	Abenteuer
glückl **ich**	die *glückliche*	Gewinnerin

Lösungsseite

Wörter mit -ig

hungrig, schmutzig, langweilig, richtig, kräftig

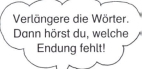

Verlängere die Wörter. Dann hörst du, welche Endung fehlt!

Wörter mit -lich

schrecklich, plötzlich, herrlich, gefährlich, glücklich

2 Rechtschreibung

Aus Adjektiven werden Nomen

Trage die fehlenden Adjektive in der richtigen Form ein und schreibe die Sätze auf.

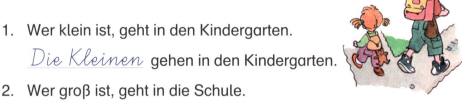

1. Wer klein ist, geht in den Kindergarten.
   Die Kleinen gehen in den Kindergarten.
2. Wer groß ist, geht in die Schule.
   _____ gehen in die Schule.
3. Wer krank ist, geht zum Arzt.
   _____
4. Wer müde ist, muss schlafen.
   _____
5. Wer alt ist, braucht oft eine Brille.
   _____
6. Wer sportlich ist, ist im Turnverein.
   _____
7. Wer traurig ist, lacht selten.
   _____

Aus Adjektiven können Nomen werden. Nomen schreiben wir groß.

2 Rechtschreibung
Aus Adjektiven werden Nomen

Trage die fehlenden Adjektive in der richtigen Form ein und schreibe die Sätze auf.

1. Wer klein ist, geht in den Kindergarten.
   Die Kleinen gehen in den Kindergarten.

2. Wer groß ist, geht in die Schule.
   Die Großen gehen in die Schule.

3. Wer krank ist, geht zum Arzt.
   Die Kranken gehen zum Arzt.

4. Wer müde ist, muss schlafen.
   Die Müden müssen schlafen.

5. Wer alt ist, braucht oft eine Brille.
   Die Alten brauchen oft eine Brille.

6. Wer sportlich ist, ist im Turnverein.
   Die Sportlichen sind im Turnverein.

7. Wer traurig ist, lacht selten.
   Die Traurigen lachen selten.

Aus Adjektiven können Nomen werden. Nomen schreiben wir groß.

2 Rechtschreibung

Aus Adjektiven werden Nomen

Welche Adjektive fehlen in den Sätzen? Trage sie in der richtigen Form ein.
Achte auf die Großschreibung und schreibe die Adjektive auf,
die zu Nomen wurden.

Er traf genau *ins Schwarze*.

Im Winter gehe ich ohne Schal nicht ins _____.

Jonas hat im _____ keine Angst.

Wenn ich aus dem Kino ins _____ komme,

blinzle ich mit den Augen.

Morgen machen wir eine Fahrt ins _____.

Die Reise führt ins _____.

Wir hoffen, es kehrt sich alles zum _____.

frei   schwarz   dunkel   hell   blau   ungewiss   gut

_____

_____

_____

Der Artikel
versteckt sich oft:
ins = in das
im = in dem
fürs = für das
vom = von dem
beim = bei dem
zum = zu dem

Wenn du ihn findest,
merkst du leicht, dass aus
dem Adjektiv ein Nomen
geworden ist, das du
großschreiben musst.

2 Rechtschreibung

Aus Adjektiven werden Nomen

Welche Adjektive fehlen in den Sätzen? Trage sie in der richtigen Form ein.
Achte auf die Großschreibung und schreibe die Adjektive auf,
die zu Nomen wurden.

Er traf genau *ins Schwarze*.

Im Winter gehe ich ohne Schal nicht ins *Freie*.

Jonas hat im *Dunkeln* keine Angst.

Wenn ich aus dem Kino ins *Helle* komme,

blinzle ich mit den Augen.

Morgen machen wir eine Fahrt ins *Blaue*.

Die Reise führt ins *Ungewisse*.

Wir hoffen, es kehrt sich alles zum *Guten*.

~~frei~~   ~~schwarz~~   ~~dunkel~~   ~~hell~~   ~~blau~~   ~~ungewiss~~   ~~gut~~

ins Schwarze, ins Freie, im Dunkeln,
ins Helle, ins Blaue, ins Ungewisse,
zum Guten

Lösungsseite

Der Artikel versteckt sich oft:
ins = in das
im = in dem
fürs = für das
vom = von dem
beim = bei dem
zum = zu dem

Wenn du ihn findest, merkst du leicht, dass aus dem Adjektiv ein Nomen geworden ist, das du großschreiben musst.

2 Rechtschreibung

Aus Adjektiven werden Nomen

Trage in den Sätzen die passenden Adjektive ein.
Achte auf die Großschreibung. Schreibe die Sätze auf.

neu, interessant, besonders,
sauer, traurig, süß

An diesem Auto ist doch nichts *Besonderes.*

In der Zeitung steht täglich etwas _____

Im Fernsehen finde ich immer etwas _____

Er mag alles _____

Die Prinzessin erlebte viel _____

Ich esse nichts _____

Nach unbestimmten Mengenangaben werden Adjektive großgeschrieben.

viel   manches   wenig   nichts   etwas   alles

2 Rechtschreibung
Aus Adjektiven werden Nomen

Trage in den Sätzen die passenden Adjektive ein.
Achte auf die Großschreibung. Schreibe die Sätze auf.

neu, interessant, besonders, sauer, traurig, süß

An diesem Auto ist doch nichts *Besonderes.*
An diesem Auto ist doch nichts Besonderes.

In der Zeitung steht täglich etwas *Neues.*
In der Zeitung steht täglich etwas Neues.

Im Fernsehen finde ich immer etwas *Interessantes.*
Im Fernsehen finde ich immer etwas Interessantes.

Er mag alles *Süße.*
Er mag alles Süße.

Die Prinzessin erlebte viel *Trauriges.*
Die Prinzessin erlebte viel Trauriges.

Ich esse nichts *Saures.*
Ich esse nichts Saures.

Nach unbestimmten Mengenangaben werden Adjektive großgeschrieben.

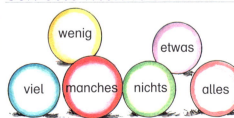

wenig, etwas, viel, manches, nichts, alles

2 Rechtschreibung
Verben

Unterstreiche alle Verben und bilde den Infinitiv.
(Achtung! Einmal wirst du reingelegt!)

Alle arbeiten am Haus:

Der Maurer <u>mauert</u>.   *mauern*

Der Arbeiter arbeitet.

Der Zimmermann zimmert.

Der Dachdecker deckt das Dach.

Der Fliesenleger legt Fliesen.

Der Maler malert.

Der Staubsauger saugt Staub.

Der Fensterputzer putzt Fenster.

Der Möbelpacker packt Möbel.

Der Treppenbauer baut Treppen.

Der Schornsteinfeger fegt

den Schornstein.

Der Vogelbauer baut Vögel.

Verben schreibe klein.

2 Rechtschreibung
Verben

Unterstreiche alle Verben und bilde den Infinitiv.
(Achtung! Einmal wirst du reingelegt!)

Alle arbeiten am Haus:

Der Maurer <u>mauert</u>. *mauern*

Der Arbeiter <u>arbeitet</u>. *arbeiten*

Der Zimmermann <u>zimmert</u>. *zimmern*

Der Dachdecker <u>deckt</u> das Dach. *decken*

Der Fliesenleger <u>legt</u> Fliesen. *legen*

Der Maler <u>malert</u>. *malern*

Der Staubsauger <u>saugt</u> Staub. *saugen*

Der Fensterputzer <u>putzt</u> Fenster. *putzen*

Der Möbelpacker <u>packt</u> Möbel. *packen*

Der Treppenbauer <u>baut</u> Treppen. *bauen*

Der Schornsteinfeger <u>fegt</u> den Schornstein. *fegen*

Der Vogelbauer <u>baut</u> Vögel. *bauen*

Lösungsseite

Verben schreibe klein.

2 Rechtschreibung
Aus Verben werden Nomen

Trage die Verben in der richtigen Form in die Sätze ein.
Achtung: Achte jetzt auf die Großschreibung der Verben.

Das *Stören* im Unterricht ist verboten!
Das _____ in der Klasse ist verboten!
Das _____ mit dem Stuhl ist verboten!
_____ anderer Kinder ist verboten!
_____ auf den Boden ist verboten!
_____ in unser Heft ist verboten!
_____ auf dem Tisch ist verboten!

Steht vor dem Verb ein Artikel (der, die, das), so wird das Verb wie ein Nomen gebraucht und großgeschrieben!

stört   stören   gestört
schreien   schreit   geschrien
wackeln   wackelte   gewackelt
ärgert   ärgern   geärgert
spucken   gespuckt   spuckt
geschmiert   schmieren   schmiert
saß   sitzen   gesessen

2 Rechtschreibung
Aus Verben werden Nomen

Trage die Verben in der richtigen Form in die Sätze ein.
Achtung: Achte jetzt auf die Großschreibung der Verben.

Das *Stören* _____ im Unterricht ist verboten!
Das *Schreien* _____ in der Klasse ist verboten!
Das *Wackeln* _____ mit dem Stuhl ist verboten!
Das Ärgern _____ anderer Kinder ist verboten!
Das Spucken _____ auf den Boden ist verboten!
Das Schmieren _____ in unser Heft ist verboten!
Das Sitzen _____ auf dem Tisch ist verboten!

Steht vor dem Verb ein Artikel (der, die, das), so wird das Verb wie ein Nomen gebraucht und großgeschrieben!

stört stören gestört
schreien schreit geschrien
wackeln wackelte gewackelt
ärgert ärgern geärgert
spucken gespuckt spuckt
geschmiert schmieren schmier
saß sitzen gesessen

2 Rechtschreibung
Aus Verben werden Nomen

Welche Satzteile passen zusammen?

1	Johanna geht mit dem Handtuch		vom Schwimmen.
2	Max hilft in der Küche		zum Lesen.
3	Hauke geht montags		beim Rechnen.
4	Susi hilft Bernd	6	zum Schreiben.
5	Robert braucht eine Brille		beim Abwaschen.
6	Esther braucht einen Stift	1	zum Schwimmen.
7	Christian bekam Muskelkater		vom Wandern.
8	Miriam bekam nasse Haare		zum Turnen.

Nach **zum** (zu dem), **vom** (von dem), **beim** (bei dem) schreiben wir Verben groß.

Aus Verben werden Nomen

Welche Satzteile passen zusammen?

1	Johanna geht mit dem Handtuch	8	vom Schwimmen.
2	Max hilft in der Küche	5	zum Lesen.
3	Hauke geht montags	4	beim Rechnen.
4	Susi hilft Bernd	6	zum Schreiben.
5	Robert braucht eine Brille	2	beim Abwaschen.
6	Esther braucht einen Stift	1	zum Schwimmen.
7	Christian bekam Muskelkater	7	vom Wandern.
8	Miriam bekam nasse Haare	3	zum Turnen.

Nach **zum** (zu dem), **vom** (von dem), **beim** (bei dem) schreiben wir Verben groß.

2 Rechtschreibung
Großschreibung

Suche im Text die Wörter, die auf die Zettel passen.

Frau Piper besucht einen Maler, der ein Bild von ihr malen soll. Er hat es vorgezeichnet. Sie steht davor und verharrt in Schweigen. Über fünf Minuten dauert das Betrachten. „Was ist?", fragt der Maler. „Zu viel Rotes!", ist die Antwort. Er radiert alles Rote weg. „Bitte nichts Rundes! Das macht mich dick!" Er radiert. „Nichts Buntes!" „Aber", stottert der Maler, „jetzt ist nur noch das weiße Blatt da!" „Das ist besser als etwas Hässliches", antwortet Frau Piper.

5 Adjektive, die zu Nomen werden

5 Verben

2 Verben, die zu Nomen werden

2 Rechtschreibung
Großschreibung

Suche im Text die Wörter, die auf die Zettel passen.

Frau Piper besucht einen Maler, der ein Bild von ihr malen soll. Er hat es vorgezeichnet. Sie steht davor und verharrt in Schweigen. Über fünf Minuten dauert das Betrachten. „Was ist?", fragt der Maler. „Zu viel Rotes!", ist die Antwort. Er radiert alles Rote weg. „Bitte nichts Rundes! Das macht mich dick!" Er radiert. „Nichts Buntes!" „Aber", stottert der Maler, „jetzt ist nur noch das weiße Blatt da!" „Das ist besser als etwas Hässliches", antwortet Frau Piper.

5 Adjektive, die zu Nomen werden
Rotes
Rote
Rundes
Buntes
Hässliches

5 Verben
besucht
malen
steht
verharrt
dauert

2 Verben, die zu Nomen werden
Schweigen
Betrachten

2 Rechtschreibung
Dopplung von Konsonanten (Mitlauten)

Lies die Wörter laut und ordne sie richtig ein.

Sattel, Tal, Dattel, Hase, Schaf, Schwamm, Schere, Nebel, Felle, Welle, Wette, retten, Mann, Zahn, Dame, Schwan, Mutter, Feder, Regen, rot, tot, Strom, Hahn, Halle, Mappe, Fibel, Ritter, Glut, Mut, Hebel, Fett, Beet, Bett

Wörter mit langem Vokal

Beet,

Wörter mit kurzem Vokal

Bett,

Nach einem kurz gesprochenen, betonten **Vokal** (Selbstlaut) wird der nachfolgende **Konsonant** (Mitlaut) verdoppelt.

2 Rechtschreibung
Dopplung von Konsonanten (Mitlauten)

Lies die Wörter laut und ordne sie richtig ein.

Sattel, Tal, Dattel, Hase, Schaf, Schwamm, Schere, Nebel, Felle, Welle, Wette, retten, Mann, Zahn, Dame, Schwan, Mutter, Feder, Regen, rot, tot, Strom, Hahn, Halle, Mappe, Fibel, Ritter, Glut, Mut, Hebel, Fett, ~~Beet~~, ~~Bett~~

Wörter mit langem Vokal	Wörter mit kurzem Vokal
Beet, Tal, Hase,	Bett, Sattel,
Schaf, Schere,	Dattel, Schwamm,
Nebel, Zahn,	Felle, Welle,
Dame, Schwan,	Wette, retten,
Feder, Regen,	Mann, Mutter,
rot, tot, Strom,	Halle, Mappe,
Hahn, Fibel,	Ritter, Fett
Glut, Mut,	
Hebel	

Lösungsseite

Nach einem kurz gesprochenen, betonten **Vokal** (Selbstlaut) wird der nachfolgende **Konsonant** (Mitlaut) verdoppelt.

2 Rechtschreibung
Zusammengesetzte Nomen mit ss

Suche zusammengesetzte Nomen. Verbinde, was zusammenpasst, und schreibe die Nomen auf.

Ess		Napf
Fress		Gespenst
Schloss		Zimmer
Mess		Schloss
Hasel		Nuss
Wein		Foto
Pass		Becher
Spuk		Fass
Haustür		Messer
Taschen		Schlüssel

1. _____
2. _____
3. *Schlossgespenst*
4. _____
5. _____
6. _____

> Nach einem kurz gesprochenen, betonten Vokal (Selbstlaut) steht **ss**.

2 Rechtschreibung
Zusammengesetzte Nomen mit ss

Suche zusammengesetzte Nomen. Verbinde, was zusammenpasst, und schreibe die Nomen auf.

Ess · Fress · Schloss · Mess · Hasel · Wein · Pass · Spuk · Haustür · Taschen

Napf · Gespenst · Zimmer · Schloss · Nuss · Foto · Becher · Fass · Messer · Schlüssel

1. Esszimmer
2. Fressnapf
3. Schlossgespenst
4. Messbecher
5. Haselnuss
6. Weinfass
7. Passfoto
8. Spukschloss
9. Haustürschlüssel
10. Taschenmesser

Lösungsseite

> Nach einem kurz gesprochenen, betonten Vokal (Selbstlaut) steht **ss**.

2 Rechtschreibung
ss oder ß?

Lies die Wörter genau und überlege, ob der betonte Vokal lang oder kurz gesprochen wird. Ergänze die fehlenden Buchstaben. Schreibe die Wörter auf.

	lang	kurz
1	x	
2		
3		
4		
5		
6		
7		
8		
9		
10		
11		
12		
13		
14		

1. genie ß en
2. me ___ en
3. flie ___ en
4. schie ___ en
5. fre ___ en
6. e ___ en
7. schlie ___ en
8. Fü ___ e
9. pre ___ en
10. sü ___ e
11. Kü ___ e
12. Grü ___ e
13. gro ___ e
14. Nu ___

1. *genießen*
2. _____
3. _____
_____
_____
_____
_____
_____
_____
_____
_____
_____
_____
_____

Nach einem lang gesprochenen Vokal (Selbstlaut) schreibe **ß**.

2 Rechtschreibung
ss oder ß?

Lies die Wörter genau und überlege, ob der betonte Vokal lang oder kurz gesprochen wird. Ergänze die fehlenden Buchstaben. Schreibe die Wörter auf.

	lang	kurz
1. genie**ß**en	x	
2. me**ss**en		x
3. flie**ß**en	x	
4. schie**ß**en	x	
5. fre**ss**en		x
6. e**ss**en		x
7. schlie**ß**en	x	
8. Fü**ß**e	x	
9. pre**ss**en		x
10. sü**ß**e	x	
11. Kü**ss**e		x
12. Grü**ß**e	x	
13. gro**ß**e	x	
14. Nu**ss**		x

1. genießen
2. messen
3. fließen
4. schießen
5. fressen
6. essen
7. schließen
8. Füße
9. pressen
10. süße
11. Küsse
12. Grüße
13. große
14. Nuss

Lösungsseite

Nach einem lang gesprochenen Vokal (Selbstlaut) schreibe **ß**.

2 Rechtschreibung
Lange Vokale (Selbstlaute)

Schreibe die Nomen mit langem Vokal auf. Setze den Artikel davor.

Sand, Tal, Hase, Stab, Strom, Frosch, Zahn, Hut, Dame, Dach, Land, Bote, Schwamm, Schere, Nebel, Fibel, Mast, Fels, Zelt, Heft, Geld, Feder, Regen, Hebel, tot, Bett, Beet, Hahn, Hand, Rost, Gast, Mist, Blume, Kran, Plan, Schwan, Mut, Glut, Mann

Wörter mit langem Vokal

das Schaf

2 Rechtschreibung
Lange Vokale (Selbstlaute)

Schreibe die Nomen mit langem Vokal auf. Setze den Artikel davor.

Sand, Tal, Hase, Stab, Strom, Frosch, Zahn, Hut, Dame, Dach, Land, Bote, Schwamm, Schere, Nebel, Fibel, Mast, Fels, Zelt, Heft, Geld, Feder, Regen, Hebel, tot, Bett, Beet, Hahn, Hand, Rost, Gast, Mist, Blume, Kran, Plan, Schwan, Mut, Glut, Mann

Wörter mit langem Vokal

das Schaf, das Tal, der Hase, der Stab,
der Strom, der Zahn, der Hut,
die Dame, der Bote, die Schere,
der Nebel, die Fibel, die Feder, der Regen,
der Hebel, tot, das Beet,
der Hahn, die Blume, der Kran,
der Plan, der Schwan, der Mut, die Glut

2 Rechtschreibung
Lange Vokale (Selbstlaute)

Ergänze die fehlenden Buchstaben und lies laut.

Lange Vokale werden unterschiedlich geschrieben.

Schaue im Wörterbuch nach, wenn du unsicher bist.

a aa ah
der S____l
die Z____l
die F____ne
der K____n
die G____bel
der N____me
die W____ge
das H____r

e ee eh
der R____gen
s____r
der L____rer
die Sch____re
z____n
das M____r
der Schn____
die Himb____re

o oo oh
der Z____
die H____se
das H____tel
die S____le
das B____t
die N____t
die Sch____nung
die K____le

i ie ih
der Br____f
die B____ne
die Fl____ge
der Kr____g
das Lex____kon
die M____te
die Mus____k
das T____r

u uh
die K____
die R____e
die Tr____e
das H____n
die W____t
die K____le
die Sch____le
der Sch____

107

2 Rechtschreibung
Lange Vokale (Selbstlaute)

Ergänze die fehlenden Buchstaben und lies laut.

Lange Vokale werden unterschiedlich geschrieben.

Schaue im Wörterbuch nach, wenn du unsicher bist.

a aa ah
der S _aa_ l
die Z _ah_ l
die F _ah_ ne
der K _ah_ n
die G _a_ bel
der N _a_ me
die W _aa_ ge
das H _aa_ r

e ee eh
der R _e_ gen
s _eh_ r
der L _eh_ rer
die Sch _e_ re
z _eh_ n
das M _ee_ r
der Schn _ee_
die Himb _ee_ re

o oo oh
der Z _oo_
die H _o_ se
das H _o_ tel
die S _oh_ le
das B _oo_ t
die N _o_ t
die Sch _o_ nung
die K _oh_ le

i ie ih
der Br _ie_ f
die B _ie_ ne
die Fl _ie_ ge
der Kr _ie_ g
das Lex _i_ kon
die M _ie_ te
die Mus _i_ k
das T _ie_ r

u uh
die K _uh_
die R _uh_ e
die Tr _uh_ e
das H _uh_ n
die W _u_ t
die K _uh_ le
die Sch _u_ le
der Sch _uh_

Lösungsseite

2 Rechtschreibung
Aus a wird ä

Schreibe die Nomen mit Artikel im Plural auf.

Singular	Plural
das Blatt	die Blätter
der Schwamm	
das Rad	
das Lamm	
der Schrank	
das Kalb	
die Stadt	
der Ball	
der Kranz	
der Kamm	
die Wand	
der Mann	
das Land	
der Nagel	
das Dach	
der Bart	
der Saft	
die Bank	
der Draht	
der Damm	

2 Rechtschreibung
Aus a wird ä

Schreibe die Nomen mit Artikel im Plural auf.

Singular	Plural
das Blatt	die Blätter
der Schwamm	die Schwämme
das Rad	die Räder
das Lamm	die Lämmer
der Schrank	die Schränke
das Kalb	die Kälber
die Stadt	die Städte
der Ball	die Bälle
der Kranz	die Kränze
der Kamm	die Kämme
die Wand	die Wände
der Mann	die Männer
das Land	die Länder
der Nagel	die Nägel
das Dach	die Dächer
der Bart	die Bärte
der Saft	die Säfte
die Bank	die Bänke
der Draht	die Drähte
der Damm	die Dämme

Lösungsseite

2 Rechtschreibung
Wörter mit ä

Überlege, ob du zu jedem Wort mit **ä** ein verwandtes Wort mit **a** findest. Schreibe das verwandte Wort mit **a** auf.

der Wächter — *wachen*

der Jäger

die Wäsche

das Gepäck

er rächt sich

ändern

das Gelände

kräftig

nächtlich

kränklich

lästig

er lächelt

die Bäckerei

länglich

hässlich

wärmen

Schreibe **ä**, wenn es ein verwandtes Wort mit **a** gibt.

2 Rechtschreibung
Wörter mit ä

Überlege, ob du zu jedem Wort mit **ä** ein verwandtes Wort mit **a** findest. Schreibe das verwandte Wort mit **a** auf.

der Wächter	wachen
der Jäger	jagen
die Wäsche	waschen
das Gepäck	packen
er rächt sich	die Rache
ändern	anders
das Gelände	das Land
kräftig	die Kraft
nächtlich	die Nacht
kränklich	krank
lästig	die Last
er lächelt	lachen
die Bäckerei	backen
länglich	lang
hässlich	der Hass
wärmen	warm

Lösungsseite

Schreibe **ä**, wenn es ein verwandtes Wort mit **a** gibt.

2 Rechtschreibung
Übersicht über die Wortarten – Poster

Klebe die Seiten 113 und 115 zusammen. Du erhältst ein Poster, das du in deinem Zimmer aufhängen kannst.

Nomen Substantive	Namenwörter	Nomen benennen Lebewesen und Sachen, konkrete und abstrakte Dinge: der **Mensch**, das **Auto**, die **Lüge**, die **Maus**.
Artikel	Begleiter	Der bestimmte Artikel gibt das Geschlecht an: **der**, **die**, **das**. Der unbestimmte Artikel heißt: **ein**, **eine**, **ein**.
Pronomen Personalpronomen Possessivpronomen	Fürwörter	Pronomen stehen für ein Nomen oder eine Person: **ich**, **du**, **er/sie/es**, **wir**, **ihr**, **sie** **mein**, **dein**, **sein**, **unser**, **euer**, **ihr**
Adjektive	Wiewörter Eigenschaftswörter	Adjektive beschreiben, wie etwas ist: der **gute** Mensch das **leckere** Essen.
Präpositionen	Verhältniswörter	**über**, **unter**, **vor**, **hinter**, **zwischen**, **an**, **bei**, **in**: auf dem Teller, in der Badewanne
Konjunktionen	Bindewörter	Bindewörter verbinden Wörter, Satzteile und Sätze: **und**, **oder**, **aber**, **weil** ...
Verben	Tuwörter	Verben sagen, was geschieht und wann es geschieht. Die Grundform des Verbs ist der Infinitiv: **gehen**
Hilfsverben	Hilfs-Tuwörter	haben – ich **habe** gesagt sein – ich **bin** gelaufen

2 Rechtschreibung
Übersicht über die Zeitformen – Poster

Klebe die Seiten 113 und 115 zusammen. Du erhältst ein Poster, das du in deinem Zimmer aufhängen kannst.

Präsens (Gegenwart)	ich du er, sie, es	laufe läufst läuft	wir ihr sie	laufen lauft laufen
Präteritum Imperfekt (Vergangenheit)	ich du er, sie, es	lief liefst lief	wir ihr sie	liefen lieft liefen
Perfekt Hilfsverb (Vergangenheit)	Das Perfekt wird gebildet mit dem Hilfsverb **sein** oder **haben** und dem Partizip: ich bin gelaufen wir sind gelaufen ich habe gekauft wir haben gekauft			
Plusquamperfekt (Vorvergangenheit)	Das Plusquamperfekt wird gebildet mit dem Hilfsverb **sein** oder **haben** und dem Partizip: ich war gelaufen wir waren gelaufen ich hatte gekauft wir hatten gekauft			
Futur I (Zukunft 1)	ich du er, sie, es	werde laufen wirst laufen wird laufen	wir ihr sie	werden laufen werdet laufen werden laufen
Futur II (Zukunft 2)	ich wir ich wir	werde gelaufen sein werden gelaufen sein werde geschrieben haben werden geschrieben haben		

2 Rechtschreibung
ä oder e?

Ergänze **ä** oder **e** und schreibe alle Wörter auf.

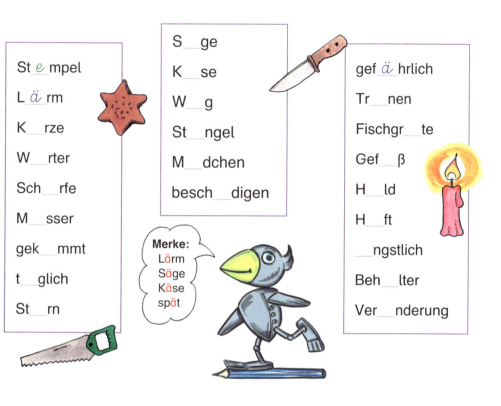

St_e_mpel
L_ä_rm
K__rze
W__rter
Sch__rfe
M__sser
gek__mmt
t__glich
St__rn

S__ge
K__se
W__g
St__ngel
M__dchen
besch__digen

gef_ä_hrlich
Tr__nen
Fischgr__te
Gef__ß
H__ld
H__ft
__ngstlich
Beh__lter
Ver__nderung

Merke:
Lärm
Säge
Käse
spät

Wörter mit **e**: _____

Wörter mit **ä**: _____

2 Rechtschreibung
ä oder e?

Ergänze **ä** oder **e** und schreibe alle Wörter auf.

St_e_mpel
L_ä_rm
K_e_rze
W_ä_rter
Sch_ä_rfe
M_e_sser
gek_ä_mmt
t_ä_glich
St_e_rn

S_ä_ge
K_ä_se
W_e_g
St_ä_ngel
M_ä_dchen
besch_ä_digen

gef_ä_hrlich
Tr_ä_nen
Fischgr_ä_te
Gef_ä_ß
H_e_ld
H_e_ft
_ä_ngstlich
Beh_ä_lter
Ver_ä_nderung

Merke:
Lärm
Säge
Käse
spät

Lösungsseite

Wörter mit e: Stempel, Kerze, Messer, Stern, Weg, Held, Heft

Wörter mit ä: Lärm, Wärter, Schärfe, gekämmt, täglich, Säge, Käse, Stängel, Mädchen, beschädigen, gefährlich, Tränen, Fischgräte, Gefäß, ängstlich, Behälter, Veränderung

2 Rechtschreibung
Aus au wird äu

Immer zwei Wörter gehören zusammen. Findest du heraus, welche es sind? Schreibe die Wörter paarweise auf und unterstreiche au und äu.

der Strauß	die Sträuße
der Bauch	die Bäume
laut	bläulich
der Baum	die Bäuche
blau	die Säure
das Haupt	die Bräute
kaufen	der Käufer
das Kraut	häuslich
die Braut	läuten
sauber	die Bäuerin
sauer	säubern
der Daumen	Däumling
der Bauer	die Fäuste
die Faust	die Kräuter
die Maus	die Häupte
das Haus	die Mäuse

der Strauß – die Sträuße

2 Rechtschreibung
Aus au wird äu

Immer zwei Wörter gehören zusammen. Findest du heraus, welche es sind? Schreibe die Wörter paarweise auf und unterstreiche au und äu.

der Strauß	die Sträuße
der Bauch	die Bäume
laut	bläulich
der Baum	die Bäuche
blau	die Säure
das Haupt	die Bräute
kaufen	der Käufer
das Kraut	häuslich
die Braut	läuten
sauber	die Bäuerin
sauer	säubern
der Daumen	Däumling
der Bauer	die Fäuste
die Faust	die Kräuter
die Maus	die Häupte
das Haus	die Mäuse

Lösungsseite

der Strauß – die Sträuße
der Bauch – die Bäuche
laut – läuten
der Baum – die Bäume
blau – bläulich
das Haupt – die Häupte
kaufen – der Käufer
das Kraut – die Kräuter
die Braut – die Bräute
sauber – säubern
sauer – die Säure
der Daumen – Däumling
der Bauer – die Bäuerin
die Faust – die Fäuste
die Maus – die Mäuse
das Haus – häuslich

2 Rechtschreibung
Wörter mit eu

Verbinde die Silben, die zusammenpassen, und schreibe die Wörter auf. Kannst du die Spiegelschrift lesen?

heu	de
Freun	te
Leu	le
Eu	te
Teu	zen
kreu	fel
leug	en
freu	nen
schleu	dern

Wörter mit **eu** musst du dir gut einprägen. Du kannst sie nicht ableiten.

Spiegelschrift: neulich, scheu, deutlich, Zeugnis, streuen, Steuer, Zeuge, heulen, neu, treu, teuer, beugen

2 Rechtschreibung
Wörter mit eu

Verbinde die Silben, die zusammenpassen, und schreibe die Wörter auf. Kannst du die Spiegelschrift lesen?

Silbe 1	Silbe 2	Wort
heu	de	heute
Freun	te	Freunde
Leu	le	Leute
Eu	te	Eule
Teu	zen	Teufel
kreu	fel	kreuzen
leug	en	leugnen
freu	nen	freuen
schleu	dern	schleudern

Lösungsseite

Wörter mit **eu** musst du dir gut einprägen. Du kannst sie nicht ableiten.

Spiegelschrift: Zeuge, heulen, neu, treu, teuer, beugen, neulich, scheu, deutlich, Zeugnis, steuern, Steuer

2 Rechtschreibung
äu oder eu?

Ergänze **äu** oder **eu**.

die Fr____nde
die Tr *äu* me
die L____te
die H____te
die K____len
die B____len
die Kr____ter
der Verk____fer
das Fr____lein
das Geb____de
die Fr____de
der S____gling
die F____lnis
das Abent____er

tr____
s____erlich
n____lich
bed____tend
die B____erin
l____chten
die Kr____zung
aufr____men
der Z____ge
sch____
d____tlich
der H____ptling
f____cht
d____ten

der R____ber

2 Rechtschreibung
äu oder eu?

Ergänze **äu** oder **eu**.

die Fr_eu_nde   tr_eu_
die Tr_äu_me   s_äu_erlich
die L_eu_te   n_eu_lich
die H_äu_te   bed_eu_tend
die K_eu_len   die B_äu_erin
die B_eu_len   l_eu_chten
die Kr_äu_ter   die Kr_eu_zung
der Verk_äu_fer   aufr_äu_men
das Fr_äu_lein   der Z_eu_ge
das Geb_äu_de   sch_eu_
die Fr_eu_de   d_eu_tlich
der S_äu_gling   der H_äu_ptling
die F_äu_lnis   f_eu_cht
das Abent_eu_er   d_eu_ten

der R_äu_ber

2 Rechtschreibung

Ähnlich klingende Konsonanten am Wortende

d oder **t**? Welcher Buchstabe fehlt am Wortende?
Trage ihn ein und schreibe wie im Beispiel.

Bil_d_   *Bilder, das Bild*

Lich__

Klei__

Mona__

Stif__

run__

Boo__

Pfer__

har__

Stran__

leich__

Grun__

frem__

> Bei vielen Wörtern kannst du nicht hören, welcher Buchstabe am Ende steht.

> Wenn du das Wort verlängerst, weißt du, ob du **d** oder **t** schreiben musst.

125

2 Rechtschreibung
Ähnlich klingende Konsonanten am Wortende

d oder **t**? Welcher Buchstabe fehlt am Wortende?
Trage ihn ein und schreibe wie im Beispiel.

Bil **d**	Bilder, das Bild
Lich **t**	Lichter, das Licht
Klei **d**	Kleider, das Kleid
Mona **t**	Monate, der Monat
Stif **t**	Stifte, der Stift
run **d**	runde, rund
Boo **t**	Boote, das Boot
Pfer **d**	Pferde, das Pferd
har **t**	harte, hart
Stran **d**	Strände, der Strand
leich **t**	leichte, leicht
Grun **d**	Gründe, der Grund
frem **d**	fremde, fremd

Lösungsseite

Bei vielen Wörtern kannst du nicht hören, welcher Buchstabe am Ende steht.

Wenn du das Wort verlängerst, weißt du, ob du **d** oder **t** schreiben musst.

2 Rechtschreibung
g oder k, b oder p?

Findest du die zusammengesetzten Nomen?
Ergänze **g**, **k**, **b** oder **p**.

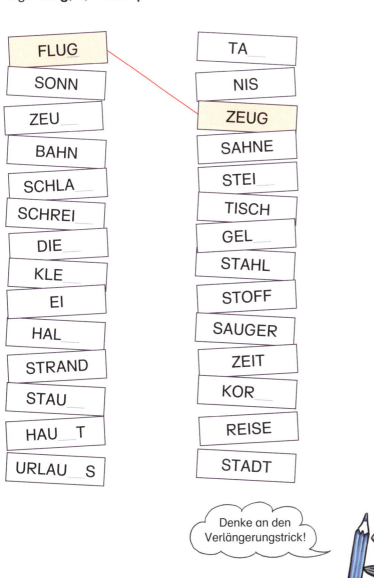

FLUG	TA__
SONN	NIS
ZEU__	ZEUG
BAHN	SAHNE
SCHLA__	STEI__
SCHREI	TISCH
DIE__	GEL__
KLE__	STAHL
EI	STOFF
HAL__	SAUGER
STRAND	ZEIT
STAU__	KOR__
HAU__T	REISE
URLAU__S	STADT

Denke an den Verlängerungstrick!

2 Rechtschreibung
g oder k, b oder p?

Findest du die zusammengesetzten Nomen?
Ergänze **g**, **k**, **b** oder **p**.

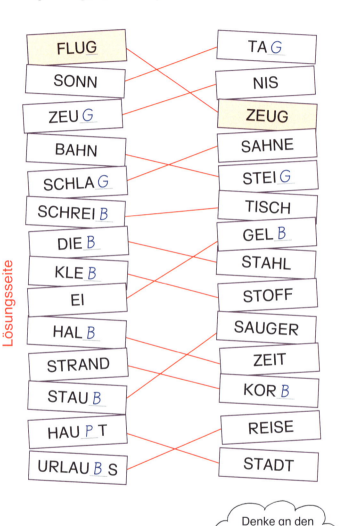

FLUG	TA **G**
SONN	NIS
ZEU **G**	ZEUG
BAHN	SAHNE
SCHLA **G**	STEI **G**
SCHREI **B**	TISCH
DIE **B**	GEL **B**
KLE **B**	STAHL
EI	STOFF
HAL **B**	SAUGER
STRAND	ZEIT
STAU **B**	KOR **B**
HAU **P** T	REISE
URLAU **B** S	STADT

Lösungsseite

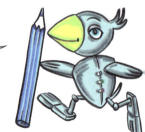

Denke an den Verlängerungstrick!

2 Rechtschreibung
äu/eu, b/p, d/t

Ergänze die Lücken und die fehlenden Wörter.

äu/eu   Ger____sch

Kein _____ ist mehr zu hören.

äu/eu   gel____tet

Es hat bereits zwölfmal _____ .

g/k/ch   vorsichti____

Der Dieb schleicht _____ durch den Garten.

b/p   schie____t

d/t   Hun____

Er _____ dem _____ ein Stück Wurst hin.

g/k   lie____t

d/t   schmatzen____

Zufrieden _____ _____ er

in seiner Hütte.

Ergänze.

äu/eu   das Geb____de

d/t   der Lau____

äu/eu   der R____ber

äu/eu   das Geh____le

g/k   blin____t

d/t   Geisterhan____

2 Rechtschreibung
äu/eu, b/p, d/t

Ergänze die Lücken und die fehlenden Wörter.

äu/eu	Ger _äu_ sch

Kein _Geräusch_ ist mehr zu hören.

äu/eu	gel _äu_ tet

Es hat bereits zwölfmal _geläutet_.

g/k/ch	vorsichti _g_

Der Dieb schleicht _vorsichtig_ durch den Garten.

b/p	schie _b_ t
d/t	Hun _d_

Er _schiebt_ dem _Hund_ ein Stück Wurst hin.

g/k	lie _g_ t
d/t	schmatzen _d_

Zufrieden _schmatzend_ _liegt_ er in seiner Hütte.

Lösungsseite

Ergänze.

äu/eu	das Geb _äu_ de
d/t	der Lau _t_
äu/eu	der R _äu_ ber
äu/eu	das Geh _eu_ le
g/k	blin _k_ t
d/t	Geisterhan _d_

2 Rechtschreibung
Rechtschreib-Spickzettel 1

Klebe diese Seite des Spickzettels mit S. 133 zusammen.
Er hilft dir bei schwierigen Fragen der Rechtschreibung.

Nomen schreibst du mit großen Anfangsbuchstaben. 	Beispiele: der Rabe die Liebe das Kind
Verben schreibst du klein. Adjektive schreibst du klein.	Beispiele: lesen spielen hören schlau lustig tief
Steht vor dem Verb der Artikel **das** oder **beim**, **im**, **vom**, **zum**, schreibst du das Verb mit großem Anfangsbuchstaben.	Beispiele: **Das Malen** macht uns Spaß. **Das Turnen** fällt aus. Zappel nicht **beim Essen**. Deine Frisur ist **zum Lachen**.
Steht vor dem Adjektiv eine unbestimmte Mengenangabe **wenig**, **viel**, **etwas**, **nichts**, schreibst du das Adjektiv mit großem Buchstaben.	Beispiele: **etwas** Leckeres **viel** Süßes **wenig** Salziges **nichts** Neues

2 Rechtschreibung
Rechtschreib-Spickzettel 2

Klebe diese Seite des Spickzettels mit S. 131 zusammen.
Er hilft dir bei schwierigen Fragen der Rechtschreibung.

Du schreibst ein Wort mit **ä** oder **äu**, wenn es ein verwandtes Wort mit **a** oder **au** gibt.	Beispiele: das Kätzchen — die Katze stärker — stark er läuft — laufen die Mäuse — die Maus
Ob der Konsonant (Mitlaut) am Wortende ein **b** oder **p**, **d** oder **t**, **g** oder **k** ist, hörst du nur, wenn du das Wort verlängerst. Bilde die Mehrzahl, die Grundform oder die Steigerungsform.	Beispiele: das Bild — die Bilder er fragt — sie fragen lieb — lieber
Nach einem kurzen, betonten Vokal schreibst du den nachfolgenden Konsonanten (Mitlaut) oft doppelt. Ausnahme: **kk** wird zu **ck**, **zz** wird zu **tz**.	Beispiele: der Ball, das Futter, rollen, bellen Ausnahme: der Zucker, dick, flitzen, die Mütze
Nach **l**, **n**, **m**, **r**, das merke ja, steht nie **tz** und nie **ck**.	Beispiele: das Holz, das Herz, der Imker, schenken, werken

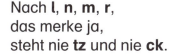

2 Rechtschreibung
Diktate

Bevor du einen Diktat-Text im Ganzen schreibst, übe einzelne Wörter. Lies den Text zweimal sehr genau. Unterstreiche alle **Nomen**. Übe dann den ganzen Text im Heft.

Sommerferien

<u>Paulina</u> und Antonia sind sieben und zehn Jahre alt. Sie sind Schwestern. Wie jedes Jahr in den Sommerferien verbringen sie mit ihren Eltern vier Urlaubswochen auf einer Insel in der Nordsee. Heute ist es ziemlich heiß. Alle sind mit dem Mittagessen fertig. Die Eltern sind müde und wollen ihre Mittagsruhe halten. Die beiden Kinder haben Langeweile. Sie beschließen, auf Entdeckungsreise zu gehen. Sie wissen, dass sie nicht alleine ans Meer dürfen. Aber sie betteln so lange, bis ihre Mutter es ihnen erlaubt. „Na gut, weil jetzt Ebbe ist. Lauft in keinem Fall zum Watt, sondern geht zu unserem Strandkorb!", sagt sie. So schnell sie können, rennen die beiden los.

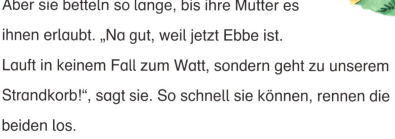

2 Rechtschreibung
Diktate

Bevor du einen Diktat-Text im Ganzen schreibst, übe einzelne Wörter. Lies den Text zweimal sehr genau. Unterstreiche alle **Nomen**. Übe dann den ganzen Text im Heft.

Sommerferien

Paulina und Antonia sind sieben und zehn Jahre alt. Sie sind Schwestern. Wie jedes Jahr in den Sommerferien verbringen sie mit ihren Eltern vier Urlaubswochen auf einer Insel in der Nordsee. Heute ist es ziemlich heiß. Alle sind mit dem Mittagessen fertig. Die Eltern sind müde und wollen ihre Mittagsruhe halten. Die beiden Kinder haben Langeweile. Sie beschließen, auf Entdeckungsreise zu gehen. Sie wissen, dass sie nicht alleine ans Meer dürfen. Aber sie betteln so lange, bis ihre Mutter es ihnen erlaubt. „Na gut, weil jetzt Ebbe ist. Lauft in keinem Fall zum Watt, sondern geht zu unserem Strandkorb!", sagt sie. So schnell sie können, rennen die beiden los.

2 Rechtschreibung
Diktate

Lies den Text ganz aufmerksam. Unterstreiche dann alle **Nomen**.
Übe anschließend den ganzen Text.

Am Strand

Paulina und Antonia treffen ihre neuen Freunde am Strand: Max, Stefan und Ulrike. Der Strand ist jetzt sehr breit, denn das Wasser ist zurückgelaufen. Sie beschließen, in den nassen Sand eine große Hafenanlage zu graben. Wenn das Wasser zurückfließt, soll es in die Gräben laufen und sie füllen. Sofort fangen sie an zu schaufeln. Paulina steht bis zum Knöchel im Wasser. Plötzlich schreit sie auf und reißt ihren Fuß hoch. Eine kleine Krabbe hängt an ihrem großen Zeh. Paulina weint und schleudert das Tier weg. Die anderen kichern und lachen. Jetzt heult Paulina vor Wut. Sie nimmt nassen Sand auf die Schippe und schmeißt damit um sich. Die anderen wehren sich und bald sind alle von Kopf bis Fuß voll Matsche – aber alle lachen dabei und freuen sich.

Diktate

Lies den Text ganz aufmerksam. Unterstreiche dann alle **Nomen**.
Übe anschließend den ganzen Text.

Am Strand

Paulina und Antonia treffen ihre neuen Freunde am Strand: Max, Stefan und Ulrike. Der Strand ist jetzt sehr breit, denn das Wasser ist zurückgelaufen. Sie beschließen, in den nassen Sand eine große Hafenanlage zu graben. Wenn das Wasser zurückfließt, soll es in die Gräben laufen und sie füllen. Sofort fangen sie an zu schaufeln. Paulina steht bis zum Knöchel im Wasser. Plötzlich schreit sie auf und reißt ihren Fuß hoch. Eine kleine Krabbe hängt an ihrem großen Zeh. Paulina weint und schleudert das Tier weg. Die anderen kichern und lachen. Jetzt heult Paulina vor Wut. Sie nimmt nassen Sand auf die Schippe und schmeißt damit um sich. Die anderen wehren sich und bald sind alle von Kopf bis Fuß voll Matsche – aber alle lachen dabei und freuen sich.

2 Rechtschreibung
Diktate

Lies den Text ganz genau und unterstreiche alle **Verben**.
Schreibe sie auf S. 141 auf. Finde nun die fünf Verben, die zu Nomen wurden. Übe dann den ganzen Text.

Robben auf der Sandbank

Jan, der große Junge aus dem Nachbarhaus, kommt plötzlich ganz aufgeregt angelaufen. Er ist schon vierzehn Jahre alt und fühlt sich zu alt zum Spielen. Schon von weitem ruft er: „Los, Leute, kommt mit, hinten auf der Sandbank liegt eine Herde Robben!" Sofort werfen alle Kinder die Schaufeln weg und rennen hinter Jan her. Im Laufen erzählt er, was er gesehen hat. Sechs Robben und zwei Heuler sonnen sich auf der Sandbank. Paulina fängt an zu jammern, sie kann nicht so schnell. „Hör endlich mit dem Heulen auf. Wir sind gleich da!", tröstet sie Antonia. Und wirklich: Sechzehn Augen schauen die Kinder ruhig an. Die stehen ganz still und versuchen, das laute Keuchen zu unterdrücken. Plötzlich muss Stefan niesen. Das Niesen erschreckt die Tiere, und sie gleiten ins Wasser zurück.

2 Rechtschreibung
Diktate

Lies den Text ganz genau und unterstreiche alle **Verben**.
Schreibe sie auf S. 141 auf. Finde nun die fünf Verben, die zu Nomen wurden. Übe dann den ganzen Text.

Robben auf der Sandbank

Jan, der große Junge aus dem Nachbarhaus, kommt plötzlich ganz aufgeregt angelaufen. Er ist schon vierzehn Jahre alt und fühlt sich zu alt zum Spielen. Schon von weitem ruft er: „Los, Leute, kommt mit, hinten auf der Sandbank liegt eine Herde Robben!" Sofort werfen alle Kinder die Schaufeln weg und rennen hinter Jan her. Im Laufen erzählt er, was er gesehen hat. Sechs Robben und zwei Heuler sonnen sich auf der Sandbank. Paulina fängt an zu jammern, sie kann nicht so schnell. „Hör endlich mit dem Heulen auf. Wir sind gleich da!", tröstet sie Antonia. Und wirklich: Sechzehn Augen schauen die Kinder ruhig an. Die stehen ganz still und versuchen, das laute Keuchen zu unterdrücken. Plötzlich muss Stefan niesen. Das Niesen erschreckt die Tiere, und sie gleiten ins Wasser zurück.

2 Rechtschreibung
Diktate

Schreibe hier die Verben und die Verben, die zu Nomen wurden, aus dem Text von S. 139 auf.

Verben:

Verben, die zu Nomen wurden:

2 Rechtschreibung
Diktate

Schreibe hier die Verben und die Verben, die zu Nomen wurden, aus dem Text von S. 139 auf.

Verben:

kommt angelaufen, ist, fühlt sich,
kommt mit, liegt, werfen weg,
rennen her, erzählt, gesehen hat,
fängt an, (zu) jammern, kann,
hör auf, sind, tröstet, schauen an,
stehen, (zu) unterdrücken, muss,
niesen, erschreckt, gleiten zurück

Verben, die zu Nomen wurden:

zum Spielen, im Laufen, mit dem Heulen,
das Keuchen, das Niesen

2 Rechtschreibung
Diktate

Lies den Text zweimal. Unterstreiche alle Wörter mit den Vorsilben **ver-** und **vor-** und notiere sie. Übe dann den Text.

Auf Robbenjagd

Jetzt wollen die Kinder sich die Robben genauer ansehen. Jan macht einen Vorschlag: „Wir nehmen das Ruderboot von Fischer Kruse, so kommen wir rascher in die Nähe der Tiere. Aber ihr dürft mich nicht verraten. Das muss unser Geheimnis bleiben!" Schneller als der Wind laufen sie zum Schuppen des Fischers. Sie vereinbaren, dass Paulina sich verstecken und Wache halten soll. Die anderen versuchen, sich gegen das Boot zu stemmen – aber vorläufig bewegt es sich kein Stückchen. Stefan meint: „In der Schule haben wir gelernt, dass man früher unter schwere Lasten Rollen aus Holz verlegt hat, dann konnte man besser schieben. Das ist die Lösung!" Alle rasen los, um Holz zu finden. Nur Paulina nicht – die haben alle im Versteck vergessen.

Diktate

Lies den Text zweimal. Unterstreiche alle Wörter mit den Vorsilben **ver-** und **vor-** und notiere sie. Übe dann den Text.

Auf Robbenjagd

Jetzt wollen die Kinder sich die Robben genauer ansehen. Jan macht einen Vorschlag: „Wir nehmen das Ruderboot von Fischer Kruse, so kommen wir rascher in die Nähe der Tiere. Aber ihr dürft mich nicht verraten. Das muss unser Geheimnis bleiben!" Schneller als der Wind laufen sie zum Schuppen des Fischers. Sie vereinbaren, dass Paulina sich verstecken und Wache halten soll. Die anderen versuchen, sich gegen das Boot zu stemmen – aber vorläufig bewegt es sich kein Stückchen. Stefan meint: „In der Schule haben wir gelernt, dass man früher unter schwere Lasten Rollen aus Holz verlegt hat, dann konnte man besser schieben. Das ist die Lösung!" Alle rasen los, um Holz zu finden. Nur Paulina nicht – die haben alle im Versteck vergessen.

2 Rechtschreibung
Diktate

Schreibe hier die Wörter mit den Vorsilben **ver-** und **vor-** aus dem Text von S. 143 auf.

Vorsilben ver-:

Vorsilben vor-:

Schwierige Wörter aus dem Text:

2 Rechtschreibung
Diktate

Schreibe hier die Wörter mit den Vorsilben **ver-** und **vor-** aus dem Text von S. 143 auf.

Vorsilben ver-: verraten, vereinbaren, verstecken, versuchen, verlegt, Versteck, vergessen

Vorsilben vor-: Vorschlag, vorläufig

Schwierige Wörter aus dem Text:

Individuelle Lösung

2 Rechtschreibung
Diktate

Unterstreiche alle Sätze mit **wörtlicher Rede**.
Übe dann den Text.

Alles wird gut

Paulina sitzt hinter dem Strauch und schaut durch die Äste. Kein Geräusch ist zu hören. Sie hat Langeweile und der Bauch knurrt. Sie hätte jetzt gerne ein Glas Apfelsaft. Das Spiel gefällt ihr nicht mehr. Sie kriecht durch das Gras zum Schuppen. Niemand ist zu sehen. Ängstlich ruft sie: „Hallo, ist da jemand?" Ärgerlich wirft sie sich auf den Boden.
Plötzlich steht ein bärtiger Mann neben ihr. „Na, na", sagt er. „Was sucht die kleine Gräfin in meinem Schuppen?" „Wir wollten mit dem Boot nur zu den Robben und jetzt sind alle weg. Aber das Geheimnis verrate ich dir gar nicht!", schluchzt Paulina.
„Dann wollen wir sie mal suchen", sagt der Mann, „und vielleicht machen wir dann alle eine Bootsfahrt!"

Unterstreiche alle Sätze mit **wörtlicher Rede**.
Übe dann den Text.

Alles wird gut

Paulina sitzt hinter dem Strauch und schaut durch die Äste. Kein Geräusch ist zu hören. Sie hat Langeweile und der Bauch knurrt. Sie hätte jetzt gerne ein Glas Apfelsaft. Das Spiel gefällt ihr nicht mehr. Sie kriecht durch das Gras zum Schuppen. Niemand ist zu sehen. Ängstlich ruft sie: „Hallo, ist da jemand?" Ärgerlich wirft sie sich auf den Boden.

Plötzlich steht ein bärtiger Mann neben ihr. „Na, na", sagt er. „Was sucht die kleine Gräfin in meinem Schuppen?" „Wir wollten mit dem Boot nur zu den Robben und jetzt sind alle weg. Aber das Geheimnis verrate ich dir gar nicht!", schluchzt Paulina.

„Dann wollen wir sie mal suchen", sagt der Mann, „und vielleicht machen wir dann alle eine Bootsfahrt!"

3 Lesen
Eine Lügengeschichte

Lies die Geschichte. Unterstreiche alle adverbialen Bestimmungen des Ortes. Beantworte die Fragen auf S. 153.

Eine Lügengeschichte

Die Marsolanis leben auf dem Mars. Heute wollen sie einen Ausflug zur Erde machen. Damit sie sich richtig benehmen können, lernen sie, was auf der Erde erlaubt ist und was man nicht tun darf.

Mio Mars liest von einem großen Bildschirm die Regeln vor:

Das Spucken auf den Boden ist verboten, aber das Spucken ins Waschbecken ist erlaubt.

Das Werfen mit Bällen ist erlaubt, aber das Werfen mit Hunden ist verboten.

Das Schlafen auf Autodächern ist verboten, aber das Schlafen in Betten ist erlaubt.

Das Schneiden mit Messern ist erlaubt,

Eine Lügengeschichte

Lies die Geschichte. Unterstreiche alle adverbialen Bestimmungen des Ortes. Beantworte die Fragen auf S. 153.

Eine Lügengeschichte

Die Marsolanis leben auf dem Mars. Heute wollen sie einen Ausflug zur Erde machen. Damit sie sich richtig benehmen können, lernen sie, was auf der Erde erlaubt ist und was man nicht tun darf. Mio Mars liest von einem großen Bildschirm die Regeln vor:
Das Spucken auf den Boden ist verboten, aber das Spucken ins Waschbecken ist erlaubt.
Das Werfen mit Bällen ist erlaubt, aber das Werfen mit Hunden ist verboten.
Das Schlafen auf Autodächern ist verboten, aber das Schlafen in Betten ist erlaubt.
Das Schneiden mit Messern ist erlaubt,

Eine Lügengeschichte

aber das Stechen mit Messern ist verboten.

Das Turnen in der Kirche ist verboten,

aber das Turnen auf dem Sportplatz ist erlaubt.

Mio Mars schwirrt der Kopf. Wie soll er sich das alles merken?

Leise wiederholt er die wichtigsten Sätze:

Das Schlafen im Waschbecken ist erlaubt.

Das Turnen auf Autodächern ist erlaubt.

Das Spucken in Betten ist erlaubt. Aber mehr fällt ihm nicht ein.

Mio Mars hat Angst, alles falsch zu machen.

Deshalb fasst er einen Entschluss: Er bleibt mit seinen Freunden

lieber auf dem Mars. Und jetzt weißt du auch, warum man bei uns

auf der Erde noch nie einen Marsmenschen gesehen hat!

Eine Lügengeschichte

aber das Stechen mit Messern ist verboten.

Das Turnen in der Kirche ist verboten,

aber das Turnen auf dem Sportplatz ist erlaubt.

Mio Mars schwirrt der Kopf. Wie soll er sich das alles merken?

Leise wiederholt er die wichtigsten Sätze:

Das Schlafen im Waschbecken ist erlaubt.

Das Turnen auf Autodächern ist erlaubt.

Das Spucken in Betten ist erlaubt. Aber mehr fällt ihm nicht ein.

Mio Mars hat Angst, alles falsch zu machen.

Deshalb fasst er einen Entschluss: Er bleibt mit seinen Freunden lieber auf dem Mars. Und jetzt weißt du auch, warum man bei uns auf der Erde noch nie einen Marsmenschen gesehen hat!

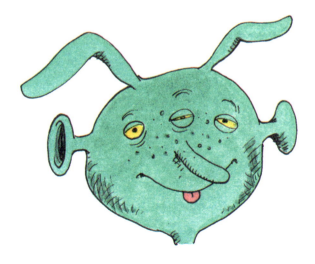

3 Lesen
Eine Lügengeschichte

Kreuze die richtigen Antworten an.

1. Die Marsbewohner heißen
   - [ ] Marsalinos.
   - [ ] Marsalonis.
   - [ ] Marsolanis.
   - [ ] Marsmilonis.

2. Die Verhaltensregeln für die Erde stehen
   - [ ] auf einer riesigen Wandtafel.
   - [ ] in einem dicken Lexikon.
   - [ ] auf einem großen Bildschirm.
   - [ ] auf einem Plakat.

3. Was ist bei den Erdbewohnern verboten?
   - [ ] Das Werfen mit Bällen
   - [ ] Das Schlafen auf Autodächern
   - [ ] Das Schneiden mit Messern
   - [ ] Das Werfen mit Hunden

4. Warum bleibt Mio lieber auf dem Mars?
   - [ ] Er hat Angst vor der Reise.
   - [ ] Er bekommt so schnell Heimweh.
   - [ ] Er kann sich die Regeln der Erdlinge nicht merken.
   - [ ] Er hat keine Ferien.

3 Lesen

Eine Lügengeschichte

Kreuze die richtigen Antworten an.

1. Die Marsbewohner heißen
   - [ ] Marsalinos.
   - [ ] Marsalonis.
   - [x] Marsolanis.
   - [ ] Marsmilonis.

2. Die Verhaltensregeln für die Erde stehen
   - [ ] auf einer riesigen Wandtafel.
   - [ ] in einem dicken Lexikon.
   - [x] auf einem großen Bildschirm.
   - [ ] auf einem Plakat.

3. Was ist bei den Erdbewohnern verboten?
   - [ ] Das Werfen mit Bällen
   - [x] Das Schlafen auf Autodächern
   - [ ] Das Schneiden mit Messern
   - [x] Das Werfen mit Hunden

4. Warum bleibt Mio lieber auf dem Mars?
   - [ ] Er hat Angst vor der Reise.
   - [ ] Er bekommt so schnell Heimweh.
   - [x] Er kann sich die Regeln der Erdlinge nicht merken.
   - [ ] Er hat keine Ferien.

Lösungsseite

3 Lesen
Seepferdchen

Lies die Geschichte. Unterstreiche alle zusammengesetzten Nomen rot und Adjektive grün. Beantworte die Fragen auf S. 156.

Seepferdchen

Wenn du Glück hast, kannst du am Strand von Italien ein Seepferdchen finden. Sein kleiner Kopf ähnelt dem eines Pferdes. Es hat zwei große Augen und eine lange Schnauze. Das Seepferdchen schwimmt sehr langsam und meistens aufrecht. Mit zwei Flossen, die wie runde Ohren aussehen, kann es steuern, in welche Richtung es schwimmt.
Der Körper des Seepferdchens ist mit Knochenplatten bedeckt, an denen knorpelähnliche Stacheln sitzen. Sein flossenloser Schwanz ist lang und dünn. Mit ihm kann sich das Seepferdchen an Wasserpflanzen festhalten, um auf Beute zu lauern.

Seepferdchen

Lies die Geschichte. Unterstreiche alle zusammengesetzten Nomen rot und Adjektive grün. Beantworte die Fragen auf S. 156.

Seepferdchen

Wenn du Glück hast, kannst du am Strand von Italien ein Seepferdchen finden. Sein *kleiner* Kopf ähnelt dem eines Pferdes. Es hat zwei *großen* Augen und eine *lange* Schnauze. Das Seepferdchen schwimmt sehr *langsam* und meistens *aufrecht*. Mit zwei Flossen, die wie *runde* Ohren aussehen, kann es steuern, in welche Richtung es schwimmt. Der Körper des Seepferdchens ist mit Knochenplatten bedeckt, an denen *knorpelähnliche* Stacheln sitzen. Sein *flossenloser* Schwanz ist *lang* und *dünn*. Mit ihm kann sich das Seepferdchen an Wasserpflanzen festhalten, um auf Beute zu lauern.

156

Seepferdchen

Mit seiner röhrenartigen Schnauze saugt es kleine Wassertiere ein.
Bei den Seepferdchen trägt das Männchen die befruchteten Eier aus. Es hat auf der Unterseite seines Schwanzes einen Brutbeutel, in dem sich die Larven entwickeln. Sechs Wochen wachsen die Larven, bis sie wie kleine Seepferdchen aussehen. Dann öffnet sich der Brutbeutel und kleine durchsichtige Seepferdchen schwimmen heraus. Sie steigen sofort an die Wasseroberfläche, damit sich ihre Schwimmblase mit Luft füllt. Die kleinen Seepferdchen können sich gleich selbst von winzigen Wassertieren ernähren.

Kreuze die richtigen Antworten an.

1. Woher hat das Seepferdchen seinen Namen?
   - ☐ Weil es der Tiefseeforscher Peter Seepferd entdeckt hat.
   - ☐ Weil man im Wasser auf ihm reiten kann.
   - ☐ Weil sein Kopf dem Kopf eines Pferdes ähnlich sieht.

Seepferdchen

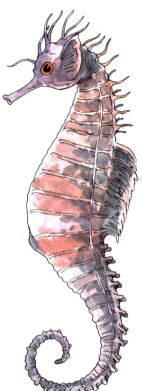

Mit seiner röhrenartigen Schnauze saugt es kleine Wassertiere ein.
Bei den Seepferdchen trägt das Männchen die befruchteten Eier aus. Es hat auf der Unterseite seines Schwanzes einen Brutbeutel, in dem sich die Larven entwickeln. Sechs Wochen wachsen die Larven, bis sie wie kleine Seepferdchen aussehen. Dann öffnet sich der Brutbeutel und kleine durchsichtige Seepferdchen schwimmen heraus. Sie steigen sofort an die Wasseroberfläche, damit sich ihre Schwimmblase mit Luft füllt. Die kleinen Seepferdchen können sich gleich selbst von winzigen Wassertieren ernähren.

Kreuze die richtigen Antworten an.

1. Woher hat das Seepferdchen seinen Namen?
   - ☐ Weil es der Tiefseeforscher Peter Seepferd entdeckt hat.
   - ☐ Weil man im Wasser auf ihm reiten kann.
   - ☒ Weil sein Kopf dem Kopf eines Pferdes ähnlich sieht.

3 Lesen

Seepferdchen

Kreuze die richtigen Antworten an.

2. Wozu braucht das Seepferdchen seinen langen Schwanz?
   - ☐ Es vertreibt damit seine Feinde.
   - ☐ Es hält damit die Seepferdchen-Kinder fest.
   - ☐ Es hält sich damit an Wasserpflanzen fest.

3. Das Seepferdchen frisst
   - ☐ Heu und Äpfel
   - ☐ kleine Wassertiere
   - ☐ Algen und Sand

4. Bei wem wachsen die kleinen Seepferdchen im Brutbeutel?
   - ☐ beim Seepferdchen-Weibchen
   - ☐ beim Seepferdchen-Männchen
   - ☐ beim Männchen und beim Weibchen

5. Wie sehen die kleinen Seepferdchen aus, wenn sie aus dem Brutbeutel schlüpfen?
   - ☐ Sie haben ein Fell.
   - ☐ Sie sind grünlich.
   - ☐ Sie sind durchsichtig.

3 Lesen

Seepferdchen

Kreuze die richtigen Antworten an.

2. Wozu braucht das Seepferdchen seinen langen Schwanz?
   - ☐ Es vertreibt damit seine Feinde.
   - ☐ Es hält damit die Seepferdchen-Kinder fest.
   - ☒ Es hält sich damit an Wasserpflanzen fest.

3. Das Seepferdchen frisst
   - ☐ Heu und Äpfel
   - ☒ kleine Wassertiere
   - ☐ Algen und Sand

4. Bei wem wachsen die kleinen Seepferdchen im Brutbeutel?
   - ☐ beim Seepferdchen-Weibchen
   - ☒ beim Seepferdchen-Männchen
   - ☐ beim Männchen und beim Weibchen

5. Wie sehen die kleinen Seepferdchen aus, wenn sie aus dem Brutbeutel schlüpfen?
   - ☐ Sie haben ein Fell.
   - ☐ Sie sind grünlich.
   - ☒ Sie sind durchsichtig.

3 Lesen
Eine aufregende Schifffahrt

Lies die Geschichte und finde ganz schnell alle Wörter mit doppeltem oder dreifachem Konsonanten. Beantworte die Fragen auf S. 165.

Eine aufregende Schifffahrt

Eine Balletttruppe will eine Urlaubsreise machen. Zwei Balletttänzerinnen haben Angst, mit dem Flugzeug zu fliegen. Drei Balletttänzerinnen weigern sich, in einem Reisebus zu fahren, und einer Tänzerin wird beim Zugfahren immer übel.

So einigen sie sich, eine Flussschifffahrt zu machen.

Als die Ballerinas das Schiff betreten, ist der Kapitän begeistert. Er lädt alle Tänzerinnen gleich am ersten Abend zum Essen ein. Die kleinste Ballerina ist vor Freude so aufgeregt, dass sie nicht still sitzen kann.

Eine aufregende Schifffahrt

Lies die Geschichte und finde ganz schnell alle Wörter mit doppeltem oder dreifachem Konsonanten. Beantworte die Fragen auf S. 165.

Eine aufregende Schifffahrt

Eine Balletttruppe will eine Urlaubsreise machen. Zwei Balletttänzerinnen haben Angst, mit dem Flugzeug zu fliegen. Drei Balletttänzerinnen weigern sich, in einem Reisebus zu fahren, und einer Tänzerin wird beim Zugfahren immer übel.

So einigen sie sich, eine Flussschifffahrt zu machen.

Als die Ballerinas das Schiff betreten, ist der Kapitän begeistert. Er lädt alle Tänzerinnen gleich am ersten Abend zum Essen ein. Die kleinste Ballerina ist vor Freude so aufgeregt, dass sie nicht still sitzen kann.

Eine aufregende Schifffahrt

Sie zappelt um den Tisch herum, macht Handstand auf einem Stuhl und balanciert auf Zehenspitzen. Plötzlich tritt sie aus Versehen mitten in einen Fetttopf mit Butterschmalz. In ihren fettigen Schuhen rutscht sie aus und gleitet bis zur Reling. Dort will sie sich noch festhalten, verliert aber das Gleichgewicht und stürzt kopfüber ins Wasser. Blitzschnell wirft ihr ein Matrose einen Rettungsring zu und zieht die kleine Tänzerin wieder an Bord.
Sie weint und schimpft pitschnass: „Nie wieder mache ich eine Schifffahrt mit euch. Da bleibe ich lieber zu Hause!"

Eine aufregende Schifffahrt

Sie zappelt um den Tisch herum, macht Handstand auf einem Stuhl und balanciert auf Zehenspitzen. Plötzlich tritt sie aus Versehen mitten in einen Fetttopf mit Butterschmalz. In ihren fettigen Schuhen rutscht sie aus und gleitet bis zur Reling. Dort will sie sich noch festhalten, verliert aber das Gleichgewicht und stürzt kopfüber ins Wasser. Blitzschnell wirft ihr ein Matrose einen Rettungsring zu und zieht die kleine Tänzerin wieder an Bord.

Sie weint und schimpft pitschnass: „Nie wieder mache ich eine Schifffahrt mit euch. Da bleibe ich lieber zu Hause!"

3 Lesen

Eine aufregende Schifffahrt

Kreuze an, was richtig ist.

1. Warum fahren die Ballerinas mit dem Schiff?
   - [ ] Drei Ballerinas steigen in keinen Reisebus.
   - [ ] Die Ballerinas haben das Flugzeug verpasst.
   - [ ] Einer Ballerina wird beim Zugfahren immer übel.
   - [ ] Zwei Ballerinas haben Flugangst.

2. Die Schuhe der kleinsten Ballerina sind so fettig, weil
   - [ ] sie in einen Ölfleck getreten ist.
   - [ ] sie ihre Schuhe zu stark eingewachst hat.
   - [ ] sie aus Versehen in einen Fetttopf getreten ist.
   - [ ] sie ihre Schuhe mit Butter eingecremt hat.

3. Was befindet sich in dem Fetttopf?
   - [ ] Margarine
   - [ ] Olivenöl
   - [ ] Sauerrahmbutter
   - [ ] Butterschmalz

4. Wer rettet die Ballerina?
   - [ ] Ein Offizier zieht sie aus dem Fluss.
   - [ ] Der Kapitän springt ins Wasser.
   - [ ] Ein Matrose zieht sie an Bord.
   - [ ] Der Koch wirft einen Rettungsring ins Wasser.

Eine aufregende Schifffahrt

Kreuze an, was richtig ist.

1. Warum fahren die Ballerinas mit dem Schiff?
   - ☒ Drei Ballerinas steigen in keinen Reisebus.
   - ☐ Die Ballerinas haben das Flugzeug verpasst.
   - ☒ Einer Ballerina wird beim Zugfahren immer übel.
   - ☒ Zwei Ballerinas haben Flugangst.

2. Die Schuhe der kleinsten Ballerina sind so fettig, weil
   - ☐ sie in einen Ölfleck getreten ist.
   - ☐ sie ihre Schuhe zu stark eingewachst hat.
   - ☒ sie aus Versehen in einen Fetttopf getreten ist.
   - ☐ sie ihre Schuhe mit Butter eingecremt hat.

3. Was befindet sich in dem Fetttopf?
   - ☐ Margarine
   - ☐ Olivenöl
   - ☐ Sauerrahmbutter
   - ☒ Butterschmalz

4. Wer rettet die Ballerina?
   - ☐ Ein Offizier zieht sie aus dem Fluss.
   - ☐ Der Kapitän springt ins Wasser.
   - ☒ Ein Matrose zieht sie an Bord.
   - ☐ Der Koch wirft einen Rettungsring ins Wasser.

3 Lesen

Der Igel in der Grube

Lies die Geschichte und unterstreiche in allen Sätzen die Subjekte.
Beantworte die Fragen auf S. 169.

Der Igel in der Grube

Lukas und Alina sind bei ihren Großeltern. Ihre Großmutter hat Husten, und dem Großvater tut der Rücken weh. Darum helfen die Kinder bei der Gartenarbeit. Alina mäht den Rasen. Lukas bringt das Gras, das Moos und die Blätter in die Kompostgrube.
Alina will eine Pause machen. Sie schaltet den Rasenmäher aus und geht mit Lukas zu der Kompostgrube. Da hören sie ein Rascheln. Unten in der Grube bewegt sich etwas. Es ist ein Igel. Der Igel versucht, aus der Grube zu klettern, aber er schafft es nicht. Immer wieder fällt er den steilen Rand hinunter.
Alina weiß, wie die Stacheln eines Igels piksen, deshalb will sie den Igel nicht anfassen. Die Kinder überlegen. Da hat Lukas eine gute Idee. Er holt aus dem Schuppen ein langes Holzbrett und lehnt es schräg an die Grubenwand. Gespannt beobachten die Kinder, was nun geschieht.
Es dauert eine Weile, doch dann bewegt sich der Igel. Er streckt sich und steigt auf das Brett. Vorsichtig trippelt er nach oben. Als er festen Boden unter seinen Füßen spürt, läuft er schnell über den Rasen und verschwindet im Gebüsch. Lukas und Alina freuen sich, dass der Igel wieder frei ist.

3 Lesen

Der Igel in der Grube

Lies die Geschichte und unterstreiche in allen Sätzen die Subjekte. Beantworte die Fragen auf S. 169.

Der Igel in der Grube

Lukas und Alina sind bei ihren Großeltern. Ihre Großmutter hat Husten, und dem Großvater tut der Rücken weh. Darum helfen die Kinder bei der Gartenarbeit. Alina mäht den Rasen. Lukas bringt das Gras, das Moos und die Blätter in die Kompostgrube. Alina will eine Pause machen. Sie schaltet den Rasenmäher aus und geht mit Lukas zu der Kompostgrube. Da hören sie ein Rascheln. Unten in der Grube bewegt sich etwas*. Es* ist ein Igel. Der Igel versucht, aus der Grube zu klettern, aber er schafft es nicht. Immer wieder fällt er den steilen Rand hinunter.
Alina weiß, wie die Stacheln eines Igels piksen, deshalb will sie den Igel nicht anfassen. Die Kinder überlegen. Da hat Lukas eine gute Idee. Er holt aus dem Schuppen ein langes Holzbrett und lehnt es schräg an die Grubenwand. Gespannt beobachten die Kinder, was nun geschieht.
Es* dauert eine Weile, doch dann bewegt sich der Igel. Er streckt sich und steigt auf das Brett. Vorsichtig trippelt er nach oben. Als er festen Boden unter seinen Füßen spürt, läuft er schnell über den Rasen und verschwindet im Gebüsch. Lukas und Alina freuen sich, dass der Igel wieder frei ist.

* Diese Subjekte sind besonders schwer zu bestimmen. Es ist kein Fehler, wenn du sie nicht gefunden hast.

3 Lesen

Der Igel in der Grube

Richtig (r) oder falsch (f)? Kreuze an.

                                                                                                  r   f

1. Lukas und Alina sind bei ihren Großeltern,
   - weil sie beide dort Ferien machen wollen. ☐ ☐
   - weil die Großmutter so schön Märchen erzählt. ☐ ☐
   - weil sie den Großeltern helfen wollen. ☐ ☐
   - weil sie die Hasen anschauen wollen. ☐ ☐

2. Lukas mäht den Rasen. ☐ ☐
   - Alina erntet die Äpfel. ☐ ☐
   - Alina mäht den Rasen. ☐ ☐
   - Großvater harkt das Gras zusammen. ☐ ☐

3. Womit retten die Kinder den Igel?
   - Sie legen ihn in eine Kiste mit Blättern. ☐ ☐
   - Sie tragen ihn ins Gras. ☐ ☐
   - Sie holen ein langes Holzbrett. ☐ ☐
   - Sie lassen ihn auf eine Schaufel krabbeln. ☐ ☐

4. Was macht der Igel?
   - Er versteckt sich unter dem Brett. ☐ ☐
   - Er rollt sich ein. ☐ ☐
   - Er trippelt auf dem Brett aus der Grube. ☐ ☐
   - Er lacht die Kinder aus. ☐ ☐

Der Igel in der Grube

Richtig (r) oder falsch (f)? Kreuze an.

	r	f
1. Lukas und Alina sind bei ihren Großeltern,		
weil sie beide dort Ferien machen wollen.		☒
weil die Großmutter so schön Märchen erzählt.		☒
weil sie den Großeltern helfen wollen.	☒	
weil sie die Hasen anschauen wollen.		☒
2. Lukas mäht den Rasen.		☒
Alina erntet die Äpfel.		☒
Alina mäht den Rasen.	☒	
Großvater harkt das Gras zusammen.		☒
3. Womit retten die Kinder den Igel?		
Sie legen ihn in eine Kiste mit Blättern.		☒
Sie tragen ihn ins Gras.		☒
Sie holen ein langes Holzbrett.	☒	
Sie lassen ihn auf eine Schaufel krabbeln.		☒
4. Was macht der Igel?		
Er versteckt sich unter dem Brett.		☒
Er rollt sich ein.		☒
Er trippelt auf dem Brett aus der Grube.	☒	
Er lacht die Kinder aus.		☒

4 Aufsatz
Satzanfänge

Lies die Geschichte und setze passende Satzanfänge ein.

Timo hatte sich ins Gras gelegt und blinzelte in die Sonne. Ihm war warm, er wurde müde. _____ schlief er ein. _____ wachte er auf. Ein merkwürdiges Rauschen erfüllte die Luft. Er kniff die Augen zusammen, versuchte genau hinzuhören und das Geräusch zu orten. _____ hörte er ein schreckliches Krachen. _____ vernahm er einen Aufprall, begleitet von leisem Wimmern. _____ riss Timo die Augen auf. Er konnte es kaum glauben. _____ er schlief, hatte sein Bruder doch wirklich seinen Fallschirm genommen und war damit aus dem Fenster gesprungen. Mitten im Apfelbaum war er gelandet. _____ lag er auf dem Boden und jammerte. Timo wartete. Wut und Mitleid kämpften in ihm. _____ setzte er sich in Bewegung. „Schwein gehabt", murmelte er und hockte sich neben seinen Bruder. „Das hätte böse ausgehen können."

> Verwende in einer Geschichte **unterschiedliche Satzanfänge**.

Kurz darauf   Mit einem Mal   Plötzlich

Danach   Jetzt   Während   Nun

Endlich   Schließlich   Dann

171

Satzanfänge

Lies die Geschichte und setze passende Satzanfänge ein.

Timo hatte sich ins Gras gelegt und blinzelte in die Sonne. Ihm war warm, er wurde müde. _Plötzlich_ schlief er ein. _Kurz darauf_ wachte er auf. Ein merkwürdiges Rauschen erfüllte die Luft. Er kniff die Augen zusammen, versuchte genau hinzuhören und das Geräusch zu orten. _Jetzt_ hörte er ein schreckliches Krachen. _Dann_ vernahm er einen Aufprall, begleitet von leisem Wimmern. _Nun_ riss Timo die Augen auf. Er konnte es kaum glauben. _Während_ er schlief, hatte sein Bruder doch wirklich seinen Fallschirm genommen und war damit aus dem Fenster gesprungen. Mitten im Apfelbaum war er gelandet. _Jetzt_ lag er auf dem Boden und jammerte. Timo wartete. Wut und Mitleid kämpften in ihm. _Endlich_ setzte er sich in Bewegung. „Schwein gehabt", murmelte er und hockte sich neben seinen Bruder. „Das hätte böse ausgehen können."

> Verwende in einer Geschichte **unterschiedliche Satzanfänge**.

Kurz darauf	Mit einem Mal	Plötzlich
Danach	Jetzt	Während	Nun
Endlich	Schließlich	Dann

Satzanfänge

Lena hat eine Geschichte geschrieben. Manche Satzanfänge sind sehr langweilig. Unterstreiche sie und formuliere bessere Möglichkeiten.

Die Kassiererin zählte das Geld. Es war schon Abend. Gleich würde sie frei haben. Dann stand ein Mann an ihrem Tresen. Sie schaute in seinen Revolver. Dann sagte er: „Geld her, das ist ein Überfall!" Die Kassiererin überlegte lange. Dann stotterte sie: „Wwwwas ist los?" Sie wollte ihm schon das Geld geben. Dann gab es einen lauten Krach, und der Bankräuber ging zu Boden. Der junge Lehrling war ihm von hinten in den Rücken gesprungen. Dann wälzten sie sich auf dem Boden. Es war ein langer Kampf. Dann hatte der Lehrling dem Bankräuber die Pistole entwunden. Dann saß er auf seinem Rücken und rief: „Schnell, holt die Polizei! Ich habe ihn gefangen!"

Meine Satzanfänge:

4 Aufsatz
Satzanfänge

Lena hat eine Geschichte geschrieben. Manche Satzanfänge sind sehr langweilig. Unterstreiche sie und formuliere bessere Möglichkeiten.

<u>Die Kassiererin</u> zählte das Geld. <u>Es war</u> schon Abend. Gleich würde sie frei haben. <u>Dann</u> stand ein Mann an ihrem Tresen. <u>Sie</u> schaute in seinen Revolver. <u>Dann</u> sagte er: „Geld her, das ist ein Überfall!" <u>Die Kassiererin</u> überlegte lange. <u>Dann</u> stotterte sie: „Wwwwas ist los?" Sie wollte ihm schon das Geld geben. <u>Dann</u> gab es einen lauten Krach, und der Bankräuber ging zu Boden. <u>Der junge Lehrling</u> war ihm von hinten in den Rücken gesprungen. <u>Dann</u> wälzten sie sich auf dem Boden. Es war ein langer Kampf. <u>Dann</u> hatte der Lehrling dem Bankräuber die Pistole entwunden. <u>Dann</u> saß er auf seinem Rücken und rief: „<u>Schnell</u>, holt die Polizei! Ich habe ihn gefangen!"

(Beispiele)
Meine Satzanfänge:

Plötzlich stand …
Da sagte er …
Langsam stotterte …
Auf einmal gab es …
Nun wälzten …
Endlich saß er …

4 Aufsatz

Gefühle beschreiben

Welche Beschreibung passt zu Freude (+), welche zu Angst (–) oder Wut (–)? Kennzeichne mit den Symbolen + und –.

eine Gänsehaut bekommen ☐
einen Freudenschrei ausstoßen [+]
erstarren ☐
das Blut weicht einem aus den Adern ☐
zusammenzucken ☐
das Herz bleibt stehen ☐
außer sich sein ☐
erbleichen ☐
fassungslos sein ☐
angstgeweitete Augen ☐
die Hände reiben ☐
sich die Lippen lecken ☐
Schweiß auf der Stirn haben ☐
sich in den Sessel krallen ☐
Papier aufreißen ☐
eine Schleife aufzerren ☐
hastig etwas nehmen ☐
die Haare sträuben sich ☐

> Geschichten werden spannend, wenn du beschreibst, wie jemand aussieht, wenn er sich freut, wütend ist oder sich erschreckt.

175

4 Aufsatz
Gefühle beschreiben

Welche Beschreibung passt zu Freude (+), welche zu Angst (–) oder Wut (–)? Kennzeichne mit den Symbolen + und –.

eine Gänsehaut bekommen	–
einen Freudenschrei ausstoßen	+
erstarren	–
das Blut weicht einem aus den Adern	–
zusammenzucken	–
das Herz bleibt stehen	–
außer sich sein	–
erbleichen	–
fassungslos sein	–
angstgeweitete Augen	–
die Hände reiben	+
sich die Lippen lecken	+
Schweiß auf der Stirn haben	–
sich in den Sessel krallen	–
Papier aufreißen	+
eine Schleife aufzerren	+
hastig etwas nehmen	+
die Haare sträuben sich	–

Lösungsseite

> Geschichten werden spannend, wenn du beschreibst, wie jemand aussieht, wenn er sich freut, wütend ist oder sich erschreckt.

Wortfeld Gefühle

Schau dir die Gesichter genau an. Was machen die Kinder?
Schreibe drei passende Verben (Tuwörter) oder Gefühle auf.

1.

sich freuen, kichern, losprusten, lachen, strahlen, glücklich sein, grinsen, schmunzeln

2.

überrascht sein, sich wundern, weinen, nachdenklich sein, lachen, erschreckt sein

3.

sich ärgern, wütend sein, außer sich sein, zornig sein, beleidigt sein, schmollen

4.

trostlos sein, schluchzen, heulen, traurig sein, weinen, niedergeschlagen sein, versteinert sein

Wortfeld Gefühle

Schau dir die Gesichter genau an. Was machen die Kinder?
Schreibe drei passende Verben (Tuwörter) oder Gefühle auf.

Lösungsseite

1.

sich freuen
strahlen
glücklich sein

sich freuen, kichern, losprusten, lachen, strahlen, glücklich sein, grinsen, schmunzeln

2.

überrascht sein
sich wundern
nachdenklich sein

überrascht sein, sich wundern, weinen, nachdenklich sein, lachen, erschreckt sein

3.

sich ärgern
wütend sein
zornig sein

sich ärgern, wütend sein, außer sich sein, zornig sein, beleidigt sein, schmollen

4.

weinen
schluchzen
heulen

trostlos sein, schluchzen, heulen, traurig sein, weinen, niedergeschlagen sein, versteinert sein

Wiederholungen vermeiden

Findest du heraus, welche beiden Sätze zusammengehören?
Setze jeweils die passende Zahl und das richtige Pronomen ein.

1	Die Großmutter liest ein Buch.
2	Der Drachen reißt sich los.
3	Das Baby wird gebadet.
4	Die Suppe steht auf dem Herd.
5	Die Katze wird gestreichelt.
6	Der Bastler verletzt sich.

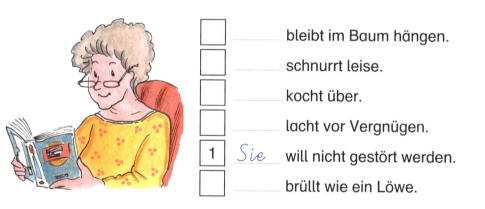

☐ _____ bleibt im Baum hängen.
☐ _____ schnurrt leise.
☐ _____ kocht über.
☐ _____ lacht vor Vergnügen.
1 *Sie* will nicht gestört werden.
☐ _____ brüllt wie ein Löwe.

Benutze nicht immer die gleichen Nomen. Verwende Pronomen!

Wiederholungen vermeiden

Findest du heraus, welche beiden Sätze zusammengehören?
Setze jeweils die passende Zahl und das richtige Pronomen ein.

1	Die Großmutter liest ein Buch.
2	Der Drachen reißt sich los.
3	Das Baby wird gebadet.
4	Die Suppe steht auf dem Herd.
5	Die Katze wird gestreichelt.
6	Der Bastler verletzt sich.

2	_Er_ bleibt im Baum hängen.
5	_Sie_ schnurrt leise.
4	_Sie_ kocht über.
3	_Es_ lacht vor Vergnügen.
1	_Sie_ will nicht gestört werden.
6	_Er_ brüllt wie ein Löwe.

Benutze nicht immer die gleichen Nomen. Verwende Pronomen!

Mit Adjektiven genau beschreiben

Welche Adjektive passen in die Sätze? Trage sie ein.

Die Regentonne war *randvoll* .

Die Glasscheiben im Haus sind _____

Der Sonnabend ist bei uns ein _____ Tag.

Die Butter ist weich und _____

Mein neues Fahrrad ist _____

Mutters Regenjacke ist _____

Der neue Film war _____

Die alten Leuchttürme sind _____

Warum ist die Kanne nicht _____

Im Bus sind noch viele _____ Plätze.

Mit Adjektiven kannst du Dinge ganz genau beschreiben.

sicher
verkehrssicher
einbruchsicher

voll
frei   randvoll   fähig   fest
schulfrei   eindrucksvoll   denkfähig   wasserfest
tropffrei   streichfähig   sturmfest

Mit Adjektiven genau beschreiben

Welche Adjektive passen in die Sätze? Trage sie ein.

Die Regentonne war _randvoll_ .
Die Glasscheiben im Haus sind _einbruchsicher_ .
Der Sonnabend ist bei uns ein _schulfreier_ Tag.
Die Butter ist weich und _streichfähig_.
Mein neues Fahrrad ist _verkehrssicher_.
Mutters Regenjacke ist _wasserfest_.
Der neue Film war _eindrucksvoll_.
Die alten Leuchttürme sind _sturmfest_.
Warum ist die Kanne nicht _tropffrei_.
Im Bus sind noch viele _freie_ Plätze.

Mit Adjektiven kannst du Dinge ganz genau beschreiben.

sicher
verkehrssicher
einbruchsicher

voll
frei   randvoll   fähig   fest
schulfrei   eindrucksvoll   denkfähig   wasserfest
tropffrei   streichfähig sturmfest

Mit Adjektiven genau beschreiben – Farbangaben

Bilde zusammengesetzte Adjektive. Schreibe sie auf.

weiß wie der Schnee: schneeweiß
braun wie Kaffee:
gelb wie die Sonne:
gelb wie Zitronen:
blau wie der Himmel:

grün wie Gras:
grün wie Moos:
grün wie Flaschen:
rot wie Tomaten:
rot wie Wein:

Verwende zusammengesetzte Farbangaben, wenn du etwas ganz genau beschreiben willst.

der _____ Bettbezug
der _____ Urlauber
das _____ T-Shirt
die _____ Augen
der _____ Frosch

Mit Adjektiven genau beschreiben – Farbangaben

Bilde zusammengesetzte Adjektive. Schreibe sie auf.

weiß wie der Schnee: *schneeweiß*
braun wie Kaffee: *kaffeebraun*
gelb wie die Sonne: *sonnengelb*
gelb wie Zitronen: *zitronengelb*
blau wie der Himmel: *himmelblau*

grün wie Gras: *grasgrün*
grün wie Moos: *moosgrün*
grün wie Flaschen: *flaschengrün*
rot wie Tomaten: *tomatenrot*
rot wie Wein: *weinrot*

Verwende zusammengesetzte Farbangaben, wenn du etwas ganz genau beschreiben willst.

der *schneeweiße* Bettbezug
der *kaffeebraune* Urlauber
das *sonnengelbe* T-Shirt
die *himmelblauen* Augen
der *grasgrüne* Frosch

Personen beschreiben

Du kannst Personen ganz genau beschreiben.
Lies die Begriffe und ordne sie auf S. 187 richtig ein.

- Frau, Mädchen, Mann, Junge, weiblich, männlich
- 40 Jahre, sehr alt, ungefähr 10 Jahre
- ungefähr 1,60 m, 1,20 m, sehr groß
- dünn, dürr, mager, dick, rundlich, lange Beine
- rund, länglich, eckig, oval
- blond, dunkel, glatt, lockig, kurz, lang
- grün, blau, braun, mandelförmig
- Stupsnase, kurz, lang, groß, klein, krumm
- schmal, groß, breit, klein
- Anzug, Hose, Rock, Kleid
- Leberfleck, Bart, Brille, Narbe, Sommersprossen

Jeder Mensch sieht anders aus.

Wenn du eine Person beschreiben sollst, beachte verschiedene Punkte.

1. Geschlecht
2. Alter
3. Körpergröße
4. Körperbau
5. Gesicht
6. Haare, Haarfarbe
7. Augenfarbe
8. Nasenform
9. Mund
10. Kleidung
11. Besondere Merkmale

Personen beschreiben

Du kannst Personen ganz genau beschreiben.
Lies die Begriffe und ordne sie auf S. 187 richtig ein.

- Frau, Mädchen, Mann, Junge, weiblich, männlich
- 40 Jahre, sehr alt, ungefähr 10 Jahre
- ungefähr 1,60 m, 1,20 m, sehr groß
- dünn, dürr, mager, dick, rundlich, lange Beine
- rund, länglich, eckig, oval
- blond, dunkel, glatt, lockig, kurz, lang
- grün, blau, braun, mandelförmig
- Stupsnase, kurz, lang, groß, klein, krumm
- schmal, groß, breit, klein
- Anzug, Hose, Rock, Kleid
- Leberfleck, Bart, Brille, Narbe, Sommersprossen

Jeder Mensch sieht anders aus.

Wenn du eine Person beschreiben sollst, beachte verschiedene Punkte.

1. Geschlecht
2. Alter
3. Körpergröße
4. Körperbau
5. Gesicht
6. Haare, Haarfarbe
7. Augenfarbe
8. Nasenform
9. Mund
10. Kleidung
11. Besondere Merkmale

Personen beschreiben

4 Aufsatz

Suche dir die Frau oder den Mann aus.
Ordne die Begriffe von S. 185 hier richtig ein.

Geschlecht

Alter

Körpergröße

Körperbau

Gesicht

Haare

Augen

Nasenform

Mund

Kleidung

Besondere Merkmale

4 Aufsatz

Personen beschreiben

Suche dir die Frau oder den Mann aus.
Ordne die Begriffe von S. 185 hier richtig ein.

Geschlecht
weiblich
Frau

Alter
ca. 40 Jahre

Körpergröße
ca. 1,60 m groß

Körperbau
dünn

Gesicht
oval

Haare
dunkel

Augen
braun

Nasenform
Stupsnase

Mund
klein

Kleidung
weiße Bluse, blaue Hose

Besondere Merkmale
keine

Lösungsseite

Personen beschreiben

Lukas hat eine Person beschrieben. Hat er alles richtig gemacht? Lies dir seinen Aufsatz durch und bewerte die einzelnen Punkte auf S. 191 mit + (gut) oder – (fehlt).

1. Geschlecht
2. Alter
3. Körpergröße
4. Körperbau
5. Gesicht
6. Haare, Haarfarbe
7. Augenfarbe
8. Nasenform
9. Mund
10. Kleidung
11. Besondere Merkmale

Personenbeschreibung

Die Person, die ich beschreibe, ist ein Mann.
Er ist ungefähr 1,50 m groß.
Das Alter von dem Mann ist ca. 50 Jahre.
Der Mann hat breite Schultern und eine sportliche Figur.
Das Gesicht sieht aus, als wäre es breit, und er hat hochgezogene Mundwinkel. Seine Nase ist spitz und lang.
Die Augen sind groß und grün. Außerdem trägt er eine Brille.
Die Haare sind schwarz und kurz.
Die Kleidung ist ein gelbes Hemd mit braunen Knöpfen daran. Er trägt eine lange karierte Hose, die grün ist. Die Schuhe sind braun und sehr lang. In der linken Hand trägt er eine braune Tasche und in der rechten Hand eine rote Blume.
Der Mann hat auf dem Kopf einen braunen Hut.
Die besonderen Merkmale sind ein Schnurrbart und ein Ring im Ohr.

Personen beschreiben

Lukas hat eine Person beschrieben. Hat er alles richtig gemacht? Lies dir seinen Aufsatz durch und bewerte die einzelnen Punkte auf S. 191 mit + (gut) oder – (fehlt).

1. Geschlecht
2. Alter
3. Körpergröße
4. Körperbau
5. Gesicht
6. Haare, Haarfarbe
7. Augenfarbe
8. Nasenform
9. Mund
10. Kleidung
11. Besondere Merkmale

Personenbeschreibung

Die Person, die ich beschreibe, ist ein Mann. *1.*
Er ist ungefähr 1,50 m groß. *3.*
Das Alter von dem Mann ist ca. 50 Jahre. *2.*
Der Mann hat breite Schultern und eine sportliche Figur. *4.*
Das Gesicht sieht aus, als wäre es breit, und er hat hochgezogene *5.* Mundwinkel. Seine Nase ist spitz und lang. *8.*
Die Augen sind groß und grün. *7.* Außerdem trägt er eine Brille.
Die Haare sind schwarz und kurz. *6.*
Die Kleidung ist ein gelbes Hemd mit braunen Knöpfen daran. Er trägt eine lange karierte Hose, die grün ist. Die Schuhe sind braun und sehr lang. In der linken Hand trägt er eine braune Tasche und in der rechten Hand eine rote Blume. *10.*
Der Mann hat auf dem Kopf einen braunen Hut.
Die besonderen Merkmale sind ein Schnurrbart und ein Ring im Ohr. *11.*

Personen beschreiben

Kreuze in der Liste an, was Lukas auf S. 189 gut gemacht hat (+) oder was fehlt (–).

	+	–
Lukas hat das Geschlecht der Person genannt.		
Er gibt das Alter an.		
Er beschreibt die Körpergröße und den Körperbau.		
Er beschreibt, wie das Gesicht aussieht.		
Er beschreibt die Haare und die Frisur.		
Er beschreibt – die Augen		
– den Mund		
– die Nasenform.		
Er beschreibt die Kleidung, ihre Farbe und Muster.		
Er beschreibt besondere Merkmale.		

Wen hat Lukas beschrieben?

4 Aufsatz
Personen beschreiben

Kreuze in der Liste an, was Lukas auf S. 189 gut gemacht hat (+) oder was fehlt (−).

	+	−
Lukas hat das Geschlecht der Person genannt.	X	
Er gibt das Alter an.	X	
Er beschreibt die Körpergröße und den Körperbau.	X	
Er beschreibt, wie das Gesicht aussieht.	X	
Er beschreibt die Haare und die Frisur.	X	
Er beschreibt – die Augen	X	
– den Mund	X	
– die Nasenform.	X	
Er beschreibt die Kleidung, ihre Farbe und Muster.	X	
Er beschreibt besondere Merkmale.	X	

Lösungsseite

Wen hat Lukas beschrieben?

Den Mann hat Lukas beschrieben.

Personen beschreiben

Beschreibe hier selber eine Person und beachte die Punkte 1 bis 11.

1. Geschlecht
2. Alter
3. Körpergröße
4. Körperbau
5. Gesicht
6. Haare, Haarfarbe
7. Augenfarbe
8. Nasenform
9. Mund
10. Kleidung
11. Besondere Merkmale

Personenbeschreibung

Personen beschreiben

Beschreibe hier selber eine Person und beachte die Punkte 1 bis 11.

1. Geschlecht
2. Alter
3. Körpergröße
4. Körperbau
5. Gesicht
6. Haare, Haarfarbe
7. Augenfarbe
8. Nasenform
9. Mund
10. Kleidung
11. Besondere Merkmale

Personenbeschreibung

Individuelle Lösung

4 Aufsatz

Ein Rezept schreiben

Bringe die Stichwörter in die richtige Reihenfolge.
Schreibe das Rezept in der Befehlsform auf.

Rührei

☐ mit einer Prise Salz würzen
[1] pro Person 2 Eier aufschlagen
☐ in einem Gefäß alles gut verrühren
☐ beim Braten umrühren
☐ 1 Esslöffel kalte Milch dazugeben
☐ fertig gebratenes Rührei auf Teller anrichten
☐ Bratfett in Pfanne erhitzen
☐ Eigemisch in die Pfanne gießen

Rezept für Rührei

1. *Schlage zwei Eier pro Person auf.*
2. ___

Ein Rezept schreiben

Bringe die Stichwörter in die richtige Reihenfolge.
Schreibe das Rezept in der Befehlsform auf.

Rührei

3	mit einer Prise Salz würzen
1	pro Person 2 Eier aufschlagen
4	in einem Gefäß alles gut verrühren
7	beim Braten umrühren
2	1 Esslöffel kalte Milch dazugeben
8	fertig gebratenes Rührei auf Teller anrichten
5	Bratfett in Pfanne erhitzen
6	Eigemisch in die Pfanne gießen

Rezept für Rührei

1. Schlage zwei Eier pro Person auf.
2. Gib 1 Esslöffel kalte Milch dazu. 3. Würze mit einer Prise Salz. 4. Verrühre alles gut in einem Gefäß. 5. Erhitze in einer Pfanne Bratfett. 6. Gieße das Eigemisch in die Pfanne. 7. Rühre beim Braten um. 8. Richte das fertig gebratene Rührei auf Tellern an.

4 Aufsatz

Ein Rezept schreiben

Lukas möchte Spaghetti kochen. Lies die Stichwörter und ordne sie in die richtige Reihenfolge.

- [ ] auf Teller füllen
- [ ] Prise Salz dazugeben
- [ ] Spaghetti einfüllen
- [ ] Nudeln in warmer Butter schwenken
- [ ] 8 Minuten kochen
- [ ] umrühren
- [1] Topf mit Wasser füllen
- [ ] weiche Nudeln in Sieb schütten
- [ ] Wasser erhitzen, bis es kocht
- [ ] abtropfen lassen
- [ ] Nudeln lauwarm abspülen
- [ ] Butter in Topf erwärmen

Ein Rezept schreiben

Lukas möchte Spaghetti kochen. Lies die Stichwörter und ordne sie in die richtige Reihenfolge.

Lösungsseite

12	auf Teller füllen
3	Prise Salz dazugeben
4	Spaghetti einfüllen
11	Nudeln in warmer Butter schwenken
6	8 Minuten kochen
5	umrühren
1	Topf mit Wasser füllen
7	weiche Nudeln in Sieb schütten
2	Wasser erhitzen, bis es kocht
8	abtropfen lassen
9	Nudeln lauwarm abspülen
10	Butter in Topf erwärmen

Ein Rezept schreiben

Schreibe auf, wie man Spaghetti kocht. Die Stichwörter von S. 197 helfen dir. Verwende die Befehlsform.

Spaghetti

1. Fülle Wasser in einen Topf.   2.

Nenne alle Zutaten.
Nenne alle Geräte.
Erkläre alle Tätigkeiten.
Beachte die Reihenfolge der Tätigkeiten.

Ein Rezept schreiben

Schreibe auf, wie man Spaghetti kocht. Die Stichwörter von S. 197 helfen dir. Verwende die Befehlsform.

Spaghetti

1. Fülle Wasser in einen Topf. 2. Erhitze das Wasser, bis es kocht. 3. Gib eine Prise Salz dazu. 4. Fülle die Spaghetti in den Topf ein. 5. Lasse sie 8 Minuten kochen. 6. Rühre dabei um. 7. Schütte die weichen Nudeln in ein Sieb. 8. Spüle die Nudeln lauwarm ab. 9. Lasse sie abtropfen. 10. Erwärme Butter in einem Topf. 11. Schwenke die Nudeln in warmer Butter. 12. Fülle die Nudeln auf einen Teller.

Nenne alle Zutaten.
Nenne alle Geräte.
Erkläre alle Tätigkeiten.
Beachte die Reihenfolge der Tätigkeiten.

4 Aufsatz

Gegenstände beschreiben

Lukas hat im Schwimmbad seine Armbanduhr vergessen. Als er am nächsten Tag den Bademeister fragt, muss er seine Uhr ganz genau beschreiben. Kreise die passenden Begriffe ein oder ergänze sie.

Farbe und Material des Armbands
rot, schwarz, gelb, braun, Leder, Metall

Form des Uhrengehäuses
eckig, rund, oval

Uhrenglas
gewölbt, flach

Uhrenzeiger
rot, schwarz, gelb

Zifferblatt
weiß, schwarz, farbig

Stundenanzeige
Zahlen, Striche, Punkte

Minutenanzeige
Zahlen, Striche, Punkte

Digitaluhr
digitale Zeitangabe

Besondere Merkmale
Datumsanzeige, Tierform, Sekundenanzeiger

So sieht Lukas' Uhr aus!

Gegenstände beschreiben

Lukas hat im Schwimmbad seine Armbanduhr vergessen. Als er am nächsten Tag den Bademeister fragt, muss er seine Uhr ganz genau beschreiben. Kreise die passenden Begriffe ein oder ergänze sie.

Farbe und Material des Armbands
rot, schwarz, gelb, braun, Leder, Metall

Form des Uhrengehäuses
eckig, rund, oval

Uhrenglas
gewölbt, flach

Uhrenzeiger
rot, schwarz, gelb

Zifferblatt
weiß, schwarz, farbig

Stundenanzeige
Zahlen, Striche, Punkte

Minutenanzeige
Zahlen, Striche, Punkte

Digitaluhr
digitale Zeitangabe

Besondere Merkmale
Datumsanzeige, Tierform, Sekundenanzeiger

So sieht Lukas' Uhr aus!

4 Aufsatz

Gegenstände beschreiben

Kannst du deine Uhr beschreiben? Notiere Stichwörter zu den Punkten 1 bis 9. Schreibe dann einen vollständigen Text.

1. Farbe und Material des Armbandes _____
2. Form des Uhrengehäuses _____
3. Uhrenglas _____
4. Uhrenzeiger _____
5. Zifferblatt _____
6. Stundenanzeiger _____
7. Minutenanzeiger _____
8. Digitaluhr _____
9. Besondere Merkmale _____

So sieht meine Uhr aus

Gegenstände beschreiben

Kannst du deine Uhr beschreiben? Notiere Stichwörter zu den Punkten 1 bis 9. Schreibe dann einen vollständigen Text.

1. Farbe und Material des Armbandes
2. Form des Uhrengehäuses
3. Uhrenglas
4. Uhrenzeiger
5. Zifferblatt
6. Stundenanzeiger
7. Minutenanzeiger
8. Digitaluhr
9. Besondere Merkmale

So sieht meine Uhr aus

Individuelle Lösung

Einen Bericht verfassen

Schau dir das Bild an und unterstreiche in dem Bericht alle Wörter oder Satzteile, in denen W-Fragen beantwortet werden.

Fahrradunfall an der Königsstraße

Am 25.9.2010 ereignete sich an der Abbiegung Königsstraße – Hauptstraße ein Unfall. Gegen zwei Uhr mittags fuhr der Schüler Klaus Hübner (9 Jahre) nach Schulschluss auf der Königsstraße. Er wollte weiter geradeaus der Straße folgen, als ein schnell herannahender PKW plötzlich links in die Hauptstraße abbog. Der Fahrer übersah dabei das geradeaus fahrende Kind und verursachte den Unfall. Der Junge wurde mit einem gebrochenen Bein und Schürfwunden in das nahe gelegene Krankenhaus eingeliefert. Der Fahrer des PKW stand nach dem Unfall unter Schock und konnte zunächst zum Unfallhergang keine Aussagen machen.

Ein Bericht muss möglichst genau und kurz sein. Er muss alle wichtigen Informationen enthalten.

Wer? Was? Wann? Wo? Wie? Mit welchen Folgen?

Einen Bericht verfassen

Schau dir das Bild an und unterstreiche in dem Bericht alle Wörter oder Satzteile, in denen W-Fragen beantwortet werden.

Fahrradunfall an der Königsstraße

Am 25.9.2010 ereignete sich an der Abbiegung Königsstraße – Hauptstraße ein Unfall. Gegen zwei Uhr mittags fuhr der Schüler Klaus Hübner (9 Jahre) nach Schulschluss auf der Königsstraße. Er wollte weiter geradeaus der Straße folgen, als ein schnell herannahender PKW plötzlich links in die Hauptstraße abbog. Der Fahrer übersah dabei das geradeaus fahrende Kind und verursachte den Unfall. Der Junge wurde mit einem gebrochenen Bein und Schürfwunden in das nahe gelegene Krankenhaus eingeliefert. Der Fahrer des PKW stand nach dem Unfall unter Schock und konnte zunächst zum Unfallhergang keine Aussagen machen.

Ein Bericht muss möglichst genau und kurz sein. Er muss alle wichtigen Informationen enthalten.

Wer? Was? Wann? Wo? Wie? Mit welchen Folgen?

Einen Bericht verfassen

Schreibe einen Bericht, in dem alle Informationen zusammengefasst werden, die Kira und ihre Freundinnen im Polizeibüro dem Polizisten geben. Nimm ein zusätzliches Blatt Papier.

Kira und ihre Freundinnen stürmen in das Polizeibüro. Sie sind sehr aufgeregt und reden alle durcheinander.

Kira: Herr Polizist, heute Nachmittag wollten meine Freundinnen Nora Schnitz, Lisa Heye und ich, Kira May, mit der S-Bahn nach Wuppertal in die Stadt fahren.
Lisa: Ich wollte eigentlich nicht los, weil ja Freitag, der 13. ist. Das ist kein gutes Datum, und jetzt haben wir es ja auch!
Kira: Sei mal still, also wir sind an der S-Bahn-Haltestelle Dierbaum.
Nora: Und ich zeige den anderen mein neues Portemonnaie und wie viel Geld ich dabei habe.
Lisa: Da stehen so drei Jungen, wissen Sie, so Rockertypen.
Nora: Die gucken schon immer so, und dann kommen die immer näher.
Lisa: Und dann stellen die sich ganz dicht neben uns.
Kira: Und ich sage zu denen: „Haut ab!"
Nora: Und dann sagt doch einer: „Machen wir!", und nimmt mein Geld, und alle laufen weg.
Lisa: Aber ein Mann, der mit uns gewartet hat, hat dem einen ein Bein gestellt, dann hat er das Geld fallen gelassen. Wir wollen eine Anzeige gegen die Jungs erstatten.

Achte auf die W-Fragen.

4 Aufsatz

Einen Bericht verfassen

Schreibe einen Bericht, in dem alle Informationen zusammengefasst werden, die Kira und ihre Freundinnen im Polizeibüro dem Polizisten geben. Nimm ein zusätzliches Blatt Papier.

Kira und ihre Freundinnen stürmen in das Polizeibüro. Sie sind sehr aufgeregt und reden alle durcheinander.

Kira: Herr Polizist, heute Nachmittag wollten meine Freundinnen Nora Schnitz, Lisa Heye und ich, Kira May, mit der S-Bahn nach Wuppertal in die Stadt fahren.

Lisa: Ich wollte eigentlich nicht los, weil ja Freitag, der 13. ist. Das ist kein gutes Datum, und jetzt haben wir es ja auch!

Kira: Sei mal still, also wir sind an der S-Bahn-Haltestelle Dierbaum.

Nora: Und ich zeige den anderen mein neues Portemonnaie und wie viel Geld ich dabei habe.

Lisa: Da stehen so drei Jungen, wissen Sie, so Rockertypen.

Nora: Die gucken schon immer so, und dann kommen die immer näher.

Lisa: Und dann stellen die sich ganz dicht neben uns.

Kira: Und ich sage zu denen: „Haut ab!"

Nora: Und dann sagt doch einer: „Machen wir!", und nimmt mein Geld, und alle laufen weg.

Lisa: Aber ein Mann, der mit uns gewartet hat, hat dem einen ein Bein gestellt, dann hat er das Geld fallen gelassen. Wir wollen eine Anzeige gegen die Jungs erstatten.

Achte auf die W-Fragen.

Individuelle Lösung